Robert von Lendenfeld

Neuseeland

Geschichte und Kultur um 1900

Lendenfeld, Robert von: Neuseeland –
Geschichte und Kultur um 1900
Hamburg, SEVERUS Verlag 2012
Nachdruck der Originalausgabe von 1902

ISBN: 978-3-86347-215-3
Druck: SEVERUS Verlag, Hamburg 2012

Der SEVERUS Verlag ist ein Imprint der Diplomica Verlag GmbH.

Bibliografische Information der Deutschen Nationalbibliothek:
Die Deutsche Nationalbibliothek verzeichnet diese Publikation in der
Deutschen Nationalbibliografie; detaillierte bibliografische Daten sind
im Internet über http://dnb.d-nb.de abrufbar.

© **SEVERUS Verlag**
http://www.severus-verlag.de, Hamburg 2012
Printed in Germany
Alle Rechte vorbehalten.

Der SEVERUS Verlag übernimmt keine juristische Verantwortung
oder irgendeine Haftung für evtl. fehlerhafte Angaben und deren
Folgen.

Inhaltsübersicht.

	Seite
I. Lage und Grenzen	1
II. Erforschungsgeschichte	4
III. Geologischer Aufbau und Oberflächengestalt	7
1. Die Nordinsel	8
2. Die Südinsel	17
3. Die ferner liegenden Inseln	45
IV. Das Klima	48
V. Pflanzenwelt und Tierleben	55
VI. Bevölkerung	65
1. Die Maoris	65
2. Die Europäer	70
VII. Die Produktion des Landes	72
1. Landwirtschaft	72
2. Forstwirtschaft	77
3. Bergbau	84
4. Industrie	96
VIII. Handel und Verkehr	100
IX. Kultur	107
1. Religion und Kirche	107
2. Schulwesen	109
3. Wissenschaftliche Anstalten	111
4. Zeitungen	111
5. Allgemeine Bildung und gesellschaftliches Leben	112
X. Regierung und Verwaltung	114
XI. Geschichte	118
XII. Chorographie	130
1. Die Städte	130
2. Auckland und Rotorua	135
3. Am Taupo-See	139
4. Das Wanganui-Thal	142

	Seite
5. Die Banks-Halbinsel und die Canterbury-Ebene	143
6. Das Tasman-Thal	147
7. Hochstetter-Dom und Aorangi	157
8. Das südliche Seengebiet	164
9. Im Fjordgebiete	169
Litteraturverzeichnis	176
Sachregister	177

Verzeichnis der Bilder und Karten.

Mount Tasman und Hochstetter-Gletscher (Titelbild)	
Sir Julius von Haast	5
Sinter-Terrassen von Rotomahana	13
Sinter-Terrassen von Rotomahana	15
Reste eines vulkanischen Ganges im Osten der Südinsel	21
Die Bealey-Strasse im Waimakariri-Thal	23
Im Otira-Thale	25
Mount Sefton	27
Stirne des Franz Josefs-Gletschers	31
Am oberen Tasman-Gletscher	33
Lady Mountain	40
Farne	55
Der Kiwi	63
Ein Pah (Maoridorf)	67
Ein maorisches Thor	68
Phormium tenax	74
Schafmusterung	75
Eine Pferdeherde	76
Kauri-Bäume	79
Parlamentsgebäude in Wellington	131
Lyttelton	133
Der Aorangi vom oberen Tasman-Thal	149
Der Aorangi vom Tasman-Gletscher	163
Mitre-Peak, Milford-Sund	173
Übersichtskarte von Neuseeland.	

I. Lage und Grenzen.

Neuseeland ist eine zwischen 167 und 178° O. und 34 und 47° S. liegende Inselgruppe, die aus zwei grossen und vielen kleinen Inseln besteht. Zusammen ähneln diese Inseln Italien und Sizilien, und noch mehr wie Italien hat Neuseeland die Gestalt eines hohen Stiefels. Dieser ist bei 1350 km hoch und hat einen ungefähr 650 km langen Fuss. Sein Schaft ist nach Südwesten und seine Sohle nach Nordosten gerichtet, während die Spitze, das Kap Maria van Diemen, im Nordwesten und der Absatz, das Ostkap, im Osten liegen. Der Fussteil des Stiefels, die ungefähr 115000 qkm grosse Nordinsel, wird durch die Cook-Strasse von dem Schaftteile desselben, der ungefähr 154000 qkm grossen Südinsel, getrennt.

Die Nordostküste der Nordinsel ist, namentlich in ihrem nordwestlichen Teile reich gegliedert: hier dringt der mit zahlreichen kleinen Nebenbuchten ausgestattete Hauraki-Golf weit in das Land ein, und hier finden wir, nordwestlich vom Hauraki, die Insel-Bai, die Taku-Bai, die Whangaroa-Bai, die Doubtless-Bai und mehrere kleine, gute Häfen bildende Küsteneinschnitte. Südöstlich vom Hauraki haben wir die breite Plenty-Bai, welche den Stiefelabsatz von dem Vorderteile des Stiefels trennt. Diese grosse Bucht ist wenig gegliedert. Die wichtigsten Küsteneinschnitte derselben sind der Taurangahafen und die Mercury-Bai. Eine Anzahl von kleinen Inseln ist der Nordostküste vorgelagert. Die meisten finden sich im Hauraki-Golf und in der Fortsetzung jenes Landvorsprunges, der die Plenty-Bai vom Hauraki-Golfe trennt.

Die Südostküste der Nord- und Südinsel ist viel weniger gegliedert als die Nordostküste der ersteren. Die einzigen wirklichen

Buchten dieser langen Küstenstrecke sind die Hawkes-Bai an der Nord- und die Pegasus-Bai an der Südinsel. Die Hawkes-Bai wird im Nordosten von der nur durch eine schmale Enge mit dem Lande verbundenen Mahia-Halbinsel, die gewissermassen als der Sporn des „Neuseeländischen Stiefels" erscheint, eingefasst. Im Südwesten der Pegasus-Bai springt die Banks-Halbinsel ziemlich weit ins Meer hinein vor, und in diese sind mehrere tiefe und schmale Buchten eingeschnitten. Inseln sind der Südostküste nur in der Nähe der Mahia-Halbinsel vorgelagert.

Eine reichere Gliederung zeigt die kurze Südküste der Südinsel. Hier haben wir mehrere Buchten und kleinere Küsteneinschnitte, von denen die Tewaewae-Bucht und der Hafen von Invercargill die bedeutendsten sind. Dieser Küste ist die, durch die Foveaux-Strasse abgetrennte, grosse Stewart-Insel vorgelagert, die als „Strupfen" des Neuseeländischen Stiefels erscheint. Ausser dieser finden sich hier noch mehrere kleinere Eilande, die sich grösstenteils um die Stewart-Inseln anordnen.

Sehr reich gegliedert erscheint der südwestliche Teil der Nordwestküste; hier dringen zahlreiche Fjorde tief in das Land ein, und hier finden sich mehrere, durch quer gestellte, benachbarte Fjorde verbindende Meeresarme vom Lande abgetrennte Inseln. Es können dreizehn Hauptfjorde unterschieden werden. Dieselben führen (von Süden nach Norden) folgende Namen: Preservation-, Dark Cloud-, Dusky-, Breaksea-, Daggs-, Doubtful-, Thompson-, Nancy-, Charles-, George-, Bligh- und Milford-Sound.

Der nordöstliche Teil der Nordwestküste der Südinsel ist nur wenig gegliedert; dagegen finden sich mehrere tiefe und innen zum Teil ziemlich weit ausgedehnte Einschnitte mit schmalen Eingängen an der Westküste der Nordinsel. Die wichtigsten von diesen sind (von Süden nach Norden) der Kawhia-, Aotea-, Manukau- und Kaipara-Hafen. Der Manukau-Hafen liegt der am weitesten in das Land eindringenden Stelle des Hauraki-Golfes gegenüber und schneidet im Vereine mit letzterem die Nordwestspitze der Nordinsel von dem übrigen Teile derselben fast ganz ab. Inseln sind diesen Küstenstrecken nicht vorgelagert. Wohl aber finden sich einige kleine Inseln, die drei Könige, in der Fortsetzung des Maria Van Diemens-Kaps nach Nordwesten.

Eine ziemlich reiche Gliederung weisen die die Cook-Strasse einfassenden Küsten, die Südwestküste der Nord- und die Nordostküste der Südinsel auf. Der westliche und mittlere Teil der ersteren erscheint als eine einzige grosse nach Südwest offene Bucht, während in ihren östlichen Teil der Port Nicholson und die Palliser Bucht eingeschnitten sind. Durch reich verzweigte Fjorde in eine Anzahl von schmalen und verworrenen Halbinseln und Inseln zerrissen erscheint der östliche Teil der Nordküste der Südinsel, während ihr westlicher Teil durch die Landvorsprünge des Croiselles Head, Separation Head und des Farewell Spit in die zwei tiefen Buchten Massacre-Bai und Tasman-Bai zerlegt wird.

Zu Neuseeland können allenfalls noch folgende, weiter entfernt liegende Inseln und Inselgruppen gerechnet werden: im Osten die Chatham-Inseln (43—45° S.; 176—177° W.; 971 qkm), die Bounty-Inseln (47° S.; 170° O.; 139 qkm) und die Antipoden-Inseln (50° S.; 179° O.; 53 qkm); im Süden die Campbell-Inseln (52° S.; 169° O.; 184 qkm); die Auckland-Inseln (50° S.; 166° O.; 852 qkm) und die kleinen Snares (48° S.; 167° O.); im Nordwesten die Norfolk-Inseln (29° S.; 168° O.; 44 qkm) und im Norden die Kermadek-Inseln (28°—31° S.; 178° O.; 33 qkm).

II. Erforschungsgeschichte.

Neuseeland wurde im Jahre 1642 von dem holländischen Seefahrer Abel Tasman entdeckt. Mit den beiden Schiffen „Heemskirk" und „Zeehaen" verliess er im August des genannten Jahres Batavia, segelte nach Mauritius, entdeckte dann die Insel Tasmanien und nahm von hier einen östlichen Curs. Am 13. Dezember 1642 bekam er die Nordwestküste der Südinsel in Sicht. Er beschrieb dieselbe als ein Gebirgsland und nannte sie zunächst Neuseeland. In der Meinung, dass das Land, welches er sah, mit dem von Schouten und Le Mair entdeckten Staatenland zusammenhinge, gab er demselben später auch diesen Namen. Erst nachträglich, als es sich herausgestellt hatte, dass das Staatenland nur eine kleine Insel sei, legte er dem von ihm entdeckten Lande wieder den Namen Neuseeland bei, den es seither führt.

Tasman segelte die Westküste entlang nach Nordosten, fuhr — ohne es zu wissen — in den westlichen Teil der Cook-Strasse ein und ankerte in der Massacre-Bai. Hier wurde die Mannschaft eines seiner Boote von den Eingeborenen überfallen, wobei vier Mann den Tod fanden. Tasman folgte nun der Westküste der Nordinsel bis zu der äussersten Nordwestspitze Neuseelands, die er Kap Maria Van Diemen nannte, sichtete die kleinen Felsinseln der Drei Könige und verliess dann das neuseeländische Gebiet, ohne selbst den Fuss auf die Inseln gesetzt zu haben.

Durch mehr als ein Jahrhundert folgte niemand Tasmans Spur. Erst im Jahre 1869 wurde Neuseeland wieder von Europäern und zwar fast gleichzeitig von einer englischen und einer französischen Expedition besucht. Kapitän Cook, der Kommandant der ersteren, segelte von den Gesellschafts-Inseln nach Süden, um den antarktischen Kontinent aufzufinden. Am 6. Oktober 1769 sichtete er Land und am 8. ankerte er in der Poverty-Bai an der Südwestküste der Nordinsel. Hierauf umschiffte Cook die ganze Inselgruppe und entdeckte dabei die seither nach ihm benannte Strasse zwischen der Süd- und der Nordinsel. Am 12. Dezember erreichte de Surville die Nordostküste der Nordinsel und blieb kurze Zeit dort. Im Jahre 1772 besuchte ein anderer Franzose, du Fresne, die Westküste der Nordinsel, wo er von den Eingeborenen ermordet wurde. In den Jahren 1773—1777 hat Cook Neuseeland mehrmals besucht, mit den Eingeborenen Verbindungen angeknüpft und sie mit Sämereien und Haustieren versorgt. Von grösster Wichtigkeit waren die Schweine, die Cook auf Neuseeland zurückliess und die sich dort bald sehr bedeutend vermehrten. Diese Schweine boten den Eingeborenen reichliche Fleischnahrung und machten den Kannibalismus, dem sie wegen des Mangels an grösseren Haus- und Jagdtieren bisher gehuldigt hatten, überflüssig.

Sir Julius von Haast.

Weder die Engländer noch die Franzosen, welche in der zweiten Hälfte des vorigen Jahrhunderts Neuseeland besuchten, liessen sich dauernd dort nieder. Auch die Walfischfänger und Robbenschläger, welche zu Ende des vorigen und zu Beginn des gegenwärtigen Jahrhunderts Neuseeland öfter anliefen, hielten sich immer nur kurze Zeit dort auf, so dass das Innere des Landes eine Terra incognita blieb. Genauere Kenntnis von den dortigen Verhältnissen erlangte man erst, nachdem Marsden, Hall und Kendall im Jahre 1814 ihr Missionswerk in Neuseeland begonnen hatten. Bald darauf siedelten sich einzelne Kolonisten in der Nord- und Südinsel an, und die leichter zugänglichen, südöstlichen Küstenstriche wurden in kurzer Zeit erschlossen.

Zu Ende der fünfziger Jahre des 19. Jahrhunderts hat dann

Hochstetter das Innere der Nordinsel wissenschaftlich untersucht und die wunderbaren vulkanischen Bildungen derselben in ausgezeichneter Weise beschrieben. Später, in den sechziger Jahren, führte von Haast acht Expeditionen von je sechsmonatlicher Dauer nach den Hochalpen der Südinsel aus, wodurch die Erforschung des Inneren zu einem gewissen Abschlusse gebracht wurde. Im einzelnen blieb freilich im Norden wie im Süden noch viel zu thun, und eine Reihe späterer Reisender hat die von Hochstetter und Haast übriggelassenen Lücken unserer Kenntnis auszufüllen gesucht. Die wichtigsten von diesen neueren Reisen wurden im Zentralstocke der neuseeländischen Alpen, in der Aorangi-Gruppe und im südwestlichen Hochlandgebiete von Hutton, Green, dem Verfasser, Kronecker, Fitzgerald, sowie Harper und anderen Mitgliedern des neuseeländischen Alpenklubs durchgeführt. Im Norden hat Hector wichtige geologische und topographische Aufnahmen gemacht.

III. Geologischer Aufbau und Oberflächengestalt.

Wir haben oben Neuseeland in Bezug auf seine Gestalt mit Italien verglichen, aber auch in Bezug auf den geologischen Aufbau ähnelt es der apenninischen Halbinsel: wie diese wird es von einem Faltengebirge durchzogen, und wie diese ist es reich an jungvulkanischen Bildungen und thätigen Vulkanen. Es ist aber — das mag hier gleich bemerkt werden — das neuseeländische Faltengebirge viel älter als der Apennin.

Von der vorspringenden Nordostecke der Nordinsel zieht ein aus hochgefalteten, azoischen bis jurassischen Schichten zusammengesetztes Kettengebirge in südwestlicher Richtung bis in die Gegend des Aorangi in der Mitte der Südinsel. Im südwestlichen Teile der Südinsel wird ein aus nordwest-südöstlich streichenden, gleichfalls hoch aufgerichteten azoischen bis jurassischen Schichten bestehendes Hochland angetroffen, und es ist auch die der Südküste der Südinsel vorgelagerte Stewart-Insel aus solchen nordwest-südöstlich streichenden Schichten zusammengesetzt. Ob sich im südlichen Teile der Südinsel zwei verschiedene Gebirgssysteme scharen, oder ob wir es da mit einem einzigen, bogenförmigen, nach Westen konvexen Faltenzug zu thun haben, ist nicht ganz sicher.

In der Südinsel finden sich vulkanische Bildungen im Südosten dieses Faltengebirges, während in der Nordinsel solche im Nordwesten desselben vorkommen. In der Nordinsel sind dieselben viel mächtiger als in der Südinsel entwickelt.

Der nordwestliche Fortsatz der Nordinsel erscheint als ein kleiner Rest eines nordwest-südöstlich streichenden, aus paläozoischen und mesozoischen Schichten zusammengesetzten Faltenzuges.

Wir wollen unsere Darstellung der Oberflächengestalt im äussersten Nordwesten beginnen und von hier im allgemeinen nach Südosten, Süden und Südwesten fortschreiten. Zum Schlusse sollen dann noch die ferner liegenden Inseln behandelt werden.

1. Die Nordinsel.

Als der äusserste ins Meer vorgeschobene Eckpfeiler der neuseeländischen Landmasse ist die oben erwähnte, von Tasman im Jahre 1642 entdeckte Gruppe der Drei Königs- oder Manawatawa-Inseln aufzufassen. Diese kleine Inselgruppe liegt etwas südöstlich von 43° S. und 172° O. Sie besteht aus dem „Grossen König" in der Mitte, der Morton-Jones-Insel im Nordosten, dem Westkönig im Südwesten und der Klippenreihe der Prinzen-Inseln, welche die genannten Eilande miteinander verbindet. Die Drei Königs-Inseln sind ungefähr 40 km vom Kap Maria van Diemen entfernt. Das Meer zwischen diesen Punkten ist durchweg weniger als 100 m tief.

Die ganze Inselgruppe besteht aus alten Schiefern. Der höchste Punkt des Grossen Königs liegt ungefähr 300 m, jener des Westkönigs 100 m, und jener der Morton-Jones-Insel 200 m über dem Meere. Der Westkönig und die Prinzen-Inseln erscheinen als nackte Felsen, der Grosse König und die Morton-Jones-Insel sind bewaldet; auf ersterem herrscht der Theebaum, auf letzterer der Pukabaum vor. Früher hausten Maoris auf diesen beiden Inseln. Jetzt sind sie unbewohnt.

Die Nordinsel selbst ist aus drei, geologisch ganz verschiedenen Teilen zusammengesetzt. Der nordwestliche Fortsatz derselben — der Vorderteil des neuseeländischen Stiefels — besteht aus gefalteten nordwest-südöstlich streichenden Schichten, welche aber in so ausgedehntem Masse von jungvulkanischen Bildungen überlagert und von grossen, tief eingreifenden Meeresbuchten zerschnitten werden, dass sie nur stellenweise als ein in der angegebenen Richtung verlaufendes, einheitliches Faltengebirge erscheinen. Im Südosten etwas fächerförmig verbreitet, endet dieser Faltenzug an der Linie Mokau-Mündung an der Westküste, Tauranga-Bucht an der Nordküste. Der südöstliche Abschnitt der Nordinsel besteht aus dem nordwestlichen Teile des grossen, nordost-südwestlich streichenden neuseeländischen Faltenzuges. Derselbe tritt hier in Gestalt einer ununterbrochen, in der angegebenen Richtung verlaufenden Gebirgskette auf. Er bildet im Nordosten das Vorgebirge des „Absatzes" des neuseeländischen Stiefels und im Südwesten jenen bedeutenden Landvorsprung, welcher den östlichen Teil der Cook-Strasse so stark einengt. Dieser Faltenzug nimmt den Raum zwischen der Südostküste und der durch die Flüsse Rangitiki im Südwesten und Rangitaiki im Nordwesten bezeichneten Linie ein.

Zwischen diesen beiden Faltengebirgssystemen liegt das grosse neuseeländische Vulkangebiet.

Nach der Stadt Auckland, welche in dem nordwestlichen Fortsatze — dem Stiefelvorderteile — der Nordinsel liegt, wird dieser als Auckland-Halbinsel, und der dieselbe bildende Faltenzug der Aucklandzug zu nennen sein. Die südöstlichen Ketten sind das Hawkes-Bai-Gebirge. In der Mitte des zentralen Vulkangebietes liegt der grosse Tauposee, nach welchem Hochstetter dasselbe die Taupozone genannt hat.

Wir wollen nun diese drei verschiedenen Teile der Nordinsel für sich besprechen.

Der Aucklandzug. Die Nordwestspitze der Nordinsel ist ein kleiner aus paläozoischen und mesozoischen Gesteinsschichten zusammengesetzter Hügelblock, der, nach Westen und Norden vorspringend, das mehrfach erwähnte Kap Maria van Diemen im Westen und das Nordkap im Norden bildet. Dieser Block ist ungefähr 30 km breit; er wird durch einen etwa 15 km breiten und 70 km langen Streifen niederen, jungen Landes mit der paläozoischen Masse der Maungataniwa-Hügel verbunden. Die letzteren erscheinen als ein westsüdwest-ostnordöstlich streichender Höhenzug, der im Süden der Doubtless-Bai die Insel quer durchsetzt und bis zu 751 m ansteigt. Im Nordosten schliessen sich an diese Erhebung kretazeische Ablagerungen, im Südosten ein verworrenes, jungvulkanisches Bergland mit 300—500 m hohen Gipfeln an. Nordöstlich folgt dann auf dieses kretazeische und vulkanische wieder paläozoisches Gestein, das einen nordwest-südöstlich streichenden Streifen darstellt und den zwischen der Doubtless- und Whangarei-Bai liegenden Teil der Nordostküste der Nordinsel bildet. Dieser Zug endet in dem Breamhead, welcher die Whangarei-Bai im Nordosten einfasst. Als Teile einer südöstlichen Fortsetzung desselben sind die kleine Barrier-Insel im Eingange des Hauraki-Golfes und das Kap Colville, welches diesen Golf im Osten einfasst, anzusehen: diese bestehen aus demselben paläozoischen Gestein. Im Nordosten dieses Streifens liegt die aus jungvulkanischen und paläozoischen Massen bestehende, grosse Barrier-Insel. Im Südwesten werden kretazeische und jungvulkanische Gesteine sowie paläozoische Inseln und ausgedehnte alttertiäre und jüngere Ablagerungen angetroffen.

Unter 37° S. dringen, wie oben erwähnt, die Manukau-Bai von Südwesten und der Hauraki-Golf von Nordosten her so weit in das Land ein, dass hier nur ein schmaler, stellenweise bloss $1^1/_2$ km breiter Isthmus übrig bleibt. Nördlich von dieser Landenge liegt, am Hauraki-Golf, die Stadt Auckland mitten zwischen erloschenen Vulkanbergen. Viele von den dortigen Kratern und Lavaströmen sind gut erhalten. Die Vulkankegel sind in diesem Gebiete sehr zahlreich und klein. Die meisten von ihnen scheinen am Grunde eines seichten Meeres entstanden zu sein und sich erst später in die Luft erhoben zu haben. Die breiten, submarin gebildeten Tuffkegel werden von steilen, in der Luft entstandenen Sand- und Schlackenkegeln gekrönt.

Einige von den — basaltischen — Lavaströmen erreichen sehr bedeutende Dimensionen. Das grösste ist das Mauakau-Lavafeld. In historischer Zeit haben in diesem Gebiete keine Ausbrüche mehr stattgefunden.

Im Südosten des Isthmus von Auckland breitet sich der nordwestliche Faltenzug fächerförmig aus. Die nordöstliche, paläozoische Randkette behält auch hier ihre nordwest-südöstliche Richtung bei. Sie durchzieht, aus dem Hauraki-Golfe emportauchend, die Coromandel-Halbinsel, welche diesen Golf im Osten einfasst, in Gestalt einer durchschnittlich 850 m hohen Bergkette, die sich vom Kap Coleville bis zum Weraiki 240 km weit in südöstlicher Richtung erstreckt. Der Gipfelpunkt dieser Kette ist der 967 m hohe Te Aroha. Dieser Kette parallel verläuft, im Südwesten des Hauraki-Golfes, die Pataroakette, welche das Gebiet des unteren Waikato im Nordosten einfasst. Im Westen des Waikato, zwischen diesem und dem westlichen Ozean liegen die meridional verlaufenden Tawairoa- und Hauturu-Ketten mit dem 1155 m hohen Pureora.

Die Taupozone, die sich zwischen den oben bezeichneten Linien Mokau-Mündung—Tauranga-Bucht und Rikitiki—Rikitaiki ausbreitet, besteht aus vulkanischen Gesteinen, sowie alttertiären und jüngeren Sedimenten. Den südwestlichen Eckpfeiler dieses Gebietes bildet der als grosses Kap weit über die allgemeine Küstenlinie vortretende, 2522 m hohe Taranaki oder Mount Egmont. Dieser Berg ist ein sehr regelmässig gestalteter Vulkankegel. Nahe seinem

Gipfel findet sich ein Krater. In historischer Zeit ist der Taranaki nicht mehr thätig gewesen. Die saueren vulkanischen Massen, aus welchen er zusammengesetzt ist, reichen im Norden, Westen und Süden bis an die Strandlinie heran. Im Osten stösst alttertiäres Gestein an dieselben an und dieses bildet einen breiten Gürtel, welcher den Taranaki von den vulkanischen Ablagerungen im Inneren der Insel trennt.

Dieses tertiäre Gelände erstreckt sich in östlicher Richtung bis zu dem Kaikora-Gebirge und fasst die vulkanischen Bildungen des Tauposeeufers im Süden ein. Es wird von dem Wanganui und anderen nach Südwesten strömenden Flüssen durchschnitten. Namentlich das Wanganui-Thal, das stellenweise von felsigen Steilwänden eingefasst wird, ist sehr schön.

Zwischen diesem südwestlichen, alttertiären Randstreifen und dem in der Mitte der Nordinsel befindlichen Tauposee erheben sich zahlreiche, in einer geraden, nordostnord-südwestsüdlich verlaufenden Linie liegende Vulkane. Dieselben sind aus basischem, vulkanischem Material aufgebaut und werden auf allen Seiten von zum Teil submarin gebildeten, vulkanischen Ablagerungen umgeben. Die wichtigsten Gipfel dieser Bergreihe sind der Tongariro im Norden, der Nganruhoe in der Mitte und der Ruapehu im Süden.

Der Tongariro ist ein gegenwärtig noch thätiger, 1891 m hoher Vulkan mit sieben Kratern. Der Nganruhoe ist 2280 m hoch und regelmässig kegelförmig. Sein Gipfel wird von einem Krater eingenommen, dessen Wall scharf und im Süden höher als im Norden ist. Als Dyson denselben im Jahre 1851 besuchte, drangen dichte Dampfmassen aus dem Nganruhoe-Krater hervor, und man hörte ein fortwährendes Rauschen und Poltern in dessen Schlunde. Der Ruapehu ist 2803 m hoch und hat die Gestalt eines abgestumpften Kegels. Seine Spitze ragt in die Schneeregion, und auch im Sommer reichen die Schneefelder an seinen Abhängen 800 bis 1100 m tief herab.

Der oben erwähnte Tauposee befindet sich genau in der Mitte der Nordinsel. Er hat eine Ausdehnung von 626 qkm und sein Spiegel liegt 400 m über dem Meere. Die mittlere Tiefe des Sees beträgt 120 m, die Maximaltiefe 163 m. Ein grösstenteils aus Rhyolith und Bimsstein bestehendes, gegen 700 m über dem Meere liegendes Hochland fasst den See ein. Das Seebecken selbst ist nach Hochstetter durch einen grossen Einbruch in diesem Hochlande entstanden. Im Westen wird der Tauposee von hohen Felswänden eingefasst; in der Seemitte gegen Osten vorspringend, bilden diese Felsen ein 300 m hohes Kap. Über den Steilufern erheben sich im Hintergrunde, im Nordwesten, die bis zu einer Höhe von 1000 m ansteigenden, teils vulkanischen, theils paläozoischen Rangitoto- und Tuhau-Ketten in Gestalt langer Reihen von meist abgerundeten, waldigen Kuppen. Nur der Titiraupenga hat einen kühneren, felsigen Gipfelbau.

Das Ostufer ist flach. Die dort stellenweise vorkommenden, auffallenden, weissen Bimssteinklippen werden durch einen breiten, flachen Sandstrand von dem Seeufer getrennt. In der Nähe der Südküste ragen die nördlichsten Vulkankegel der oben beschriebenen Ruapehu-Kette auf. Der östlichste von diesen Kegeln, der Pihanga, ist zugleich der höchste.

Im Südosten und im Südwesten münden zahlreiche Gewässer in den See ein. Im Norden tritt der Waikato aus demselben hervor, so dass der Taupo als der Quellsee des Waikato angesehen werden kann.

Aus dem Bimssteinplateau, das den Tauposee einfasst, erhebt sich im Norden die Tauhara-Vulkangruppe. Weiterhin dacht das Plateau allmählich in nordöstlicher Richtung gegen die Plenty-Bai ab und erscheint hier als eine gegen 24 km breite, von zahlreichen Thälern durchfurchte Ebene. Diese Ebene wird im Osten von dem Hawkes Bai-Gebirge und im Westen von einem zerbrochenen, bergigen, vulkanischen Hochlande eingefasst. Der Waikato fliesst durch ein breites Terrassenthal in nordöstlicher Richtung an der Grenze zwischen jener Ebene und diesem Hochlande, bis in die Nähe des Whakapataringa-Berges. Dann wendet er sich nach Nordwesten und tritt in das Hochland ein, das er in enger Felsschlucht durchbricht. Bei Maungatautari erreicht der Waikato jene Ebene, die sich zwischen der nordöstlichen Randkette und den südwestlichen Ketten des südöstlichen Endteiles des oben beschriebenen Aucklandzuges ausbreitet. Diese Ebene durchströmt der Waikato in nordwestlicher Richtung bis Mercer, biegt dann scharf nach Westen um und erreicht, die südwestlichen Randketten des Aucklandzuges durchbrechend, endlich den westlichen Ozean. Der Waikato ist der bedeutendste Fluss der Nordinsel. Sein wichtigster Nebenfluss ist der von Süden herabkommende Waipa, der zwischen Horotia und Taupiri von links in denselben einmündet

In dem vulkanischen Hochlande, das die oben erwähnte, zur Plenty-Bai hinabziehende Ebene im Westen einfasst, finden sich

Sinter-Terrassen von Rotomahana.

zahlreiche heisse Quellen, Geysir, Fumarolen und Schlammvulkane. Am grossartigsten sind diese vulkanischen Erscheinungen in dem Gebiete jener Seeengruppe, welche auf halbem Wege zwischen dem Tauposee und der Nordwestküste liegt. Hier erhebt sich der Vulkan Tarawera, durch dessen Ausbruch im Jahre 1886 so grosse Veränderungen in jener Gegend herbeigeführt worden sind. Der grösste von den Seeen jener Gruppe ist der am Westfusse des Tarawera-Berges ausgebreitete Tarawera-See, dessen Spiegel 328 m über dem Meere liegt. Bekannter als dieser ist der weiter nordwestlich gelegene Rotorua-See, in dessen Nähe sich das gleichnamige Sanatorium befindet. Laue, warme und heisse Quellen, Fumarolen, Geysir und kochende Schlammmassen drängen sich in diesem Seeengebiete zusammen. Vor 1886 waren im Süden des Tarawera-Sees, am Rotomahana-See, jene herrlichen Sinterterrassen zu sehen, welche Hochstetter in so klassischer Weise beschrieben hat. Diese Terrassen verdankten der am Nordostende des Rotomahana-Sees emporsprudelnden Tetarata-Quelle ihre Entstehung. Die genannte Quelle lag etwa 25 m über dem See, und das von ihr zu demselben herabfliessende Wasser baute, einen Teil der gelöst enthaltenen Kieselsäure abscheidend, eine breite, der relativen Höhe der Quelle entsprechend, 25 m hohe Treppe auf. Die unteren Stufen waren breit und niedrig, die oberen schmäler und höher, bis zu 2 m hoch. Diese Terrassen waren weiss, während ein anderer, in derselben Gegend liegender Sprudel, der Otukapuarangi, rosenrote Terrassen gebildet hatte.

Zu Anfang Juni 1886 kündigte eine Zunahme der Thätigkeit der Geysir, heissen Quellen u. s. w. dieser Gegend das Herannahen eines vulkanischen Paroxysmus an. Zwischen 2 und 4 Uhr des Morgens am 10. Juni 1886 trat derselbe ein. Nacheinander begannen die Gipfelkrater des Tarawera, zuerst der nördliche, dann der mittlere und endlich der südliche vulkanische Massen auszustossen. Man hat berechnet, dass während dieser Ausbrüche anderthalb Kubikkilometer vulkanische Asche in die Luft geschleudert worden seien; in einer Ausdehnung von mehr als 15 000 qkm bedeckte dieselbe das umliegende Land. Gleichzeitig öffneten sich im Osten und im Westen des Tarawera gewaltige Spalten: in eine von diesen sind die schönen Sinterterrassen von Rotomahana versunken. An ihrer Stelle findet sich jetzt ein tiefer, weit klaffender Schlund, dessen Grund von kochenden Schlammmassen eingenommen wird.

Das Hawkes-Bai-Gebirge, das den östlichen Teil der Nord-

Sinter-Terrassen von Rotomahana.

insel bildet, erscheint als eine nordöstliche Fortsetzung des südöstlichen Teiles des Faltensystemes der Südinsel. Der mittlere und nordwestliche Teil des letzteren ist an der Cook-Strasse ganz abgebrochen und findet in der Nordinsel keine Fortsetzung.

Den nordwestlichen Randteil des Hawkes-Bai-Gebirges bildet ein ununterbrochener, vom Taourakira-Kap am Südende der Nordinsel bis zum Waikana-Kap an der Nordküste, an der Innenseite des Absatzes des neuseeländischen Stiefels, von Südwest nach Nordost streichender Streifen paläozoischen Gesteins. Am breitesten ist dieser in der Mitte, wo er weit gegen den Taupo see vorspringend die Kaimanawa-Kette bildet. Nach Nordosten hin wird dieser paläozoische Streifen schmäler und bildet das zerklüftete und wenig bekannte Bergland von Te Uriwera. Als nordöstlicher Eckpfeiler dieses Systems erscheint der nahe der Küste aufragende Mount Hardy. Der südwestliche Teil des paläozoischen Streifens ist recht schmal, gegen sein Südostende hin verbreitert er sich etwas. Der nordöstliche Teil dieses schmalen Streifenabschnittes bildet die ziemlich lange und schmale, der Streichungsrichtung des Gesteins entsprechend, von Südwest nach Nordost verlaufende Ruahin-Kette. Aus dem südöstlichen Teile desselben erhebt sich die, eine Fortsetzung dieser Ruahin-Kette bildende, Tararua-Kette.

Im Nordwesten schliessen sich an diesen paläozoischen Streifen die tertiären Sedimente und jungvulkanischen Bildungen der Taupozone an; im Südosten desselben treten einzelne paläozoische Streifen, sowie mesozoische und tertiäre Bildungen zu Tage. Im Nordosten herrschen erstere, im Südwesten letztere vor. Die Südwestküste der Nordinsel besteht grösstenteils aus kretazeischem Gestein. Hier im Südosten werden noch mehrere, niedrigere Gebirgsketten angetroffen, die alle südwest-nordöstlich streichen. Da haben wir ganz nahe der Südspitze der Nordinsel die aus paläozoischen, mesozoischen und alttertiären Schichten aufgebaute Maungaraki-Kette; dann weiter nordöstlich die ganz aus tertiärem Gestein bestehende Puketoi-Kette; und im äussersten Nordosten, im Absatz des neuseeländischen Stiefels, die aus mesozoischem Gestein bestehende Raukamara-Kette, welche im Hikurangi, dem höchsten Punkte des ganzen Hawkes-Bai-Zuges, zu einer Höhe von 1600 m ansteigt.

Der südöstliche Teil der Nordinsel ist reich an kleinen Flüssen, welche streckenweise die südwest-nordöstlich verlaufenden Längsthäler zwischen den einzelnen Ketten durchströmen, um dann die Ketten quer zu durchbrechen und so den südöstlichen Ozean oder die grossen nordwestlichen Längsthäler des Rangitiki, beziehungsweise Raingitaiki zu gewinnen. Die Hauptwasserscheide liegt im Nordosten nordwestlich, im Südwesten südöstlich von dem paläozoischen Streifen.

2. Die Südinsel.

Der grosse nordost-südwestlich streichende, neuseeländische Faltenzug durchsetzt die nordöstliche Hälfte der Südinsel Neuseelands. In seinem südwestlichen Abschnitte, in der Mitte der Insel, tritt derselbe in Gestalt einer schmalen und hohen, in der angegebenen Richtung verlaufenden Gebirgskette, der Aorangi-Kette auf. Östlich von dieser und von ihr ziemlich weit entfernt erhebt sich das vulkanische System der Banks-Gruppe. Zwischen jener Kette und dieser Gruppe breiten sich ausgedehnte, jungtertiäre und recente Alluvial- und Glacial-Ebenen aus. Ein ähnliches viel schmäleres, eigentlich nur als Küstensaum anzusehendes Gelände wird nordwestlich von der Aorangi-Kette angetroffen. Nach Nordosten hin dehnt sich die Aorangi-Kette zu einem breiten, grösstenteils aus südwest-nordöstlich streichenden Parallelketten zusammengesetzten Gebirge aus, das hier den ganzen Raum zwischen der Südost- und der Nordwestküste der Insel einnimmt und das wir das Kaikora-Gebirge nennen wollen.

Es ist oben erwähnt worden, dass der südwestliche Abschnitt der Südinsel von nordwest-südöstlich streichenden Faltenzügen eingenommen wird. Diese bilden das Otago-Gebirge. An sie schliesst sich im Südwesten das aus Granit und azoischen Schiefern bestehende Fjord-Gebiet an, welches die von Fjorden und schmalen Alpenseen durchsetzte Südwestspitze der Südinsel und den südwestlichen Teil des nordwestlichen Strandgebietes bildet.

Es kann demnach die Südinsel von Neuseeland in Bezug auf den geologischen Bau und die Oberflächengestalt, in welcher derselbe zum Ausdrucke kommt, in sechs Abschnitte zerlegt werden: das Kaikora-Gebirge im Nordosten, die Aorangi-Kette in der Mitte, die grossen Ebenen und die Banks-Gruppe im Südosten, den Küstensaum im Nordwesten und endlich das Otago-Gebirge und das Fjordgebiet im Südwesten. Zu diesen kommt noch die südlich von der Foveaux-Strasse gelegene Stewart-Insel.

Das Kaikora-Gebirge. In den wasserscheidenden, die Südinsel ihrer ganzen Länge nach durchziehenden Hauptkamm ist in 43º S. der nur 915 m über dem Meere liegende Arthurs-Pass eingesenkt. Von dieser Kammsenkung zieht das Waimakariri-Thal nach Südosten und das Teremakau-Thal nach Nordwesten hinab: ich bezeichne hier das ganze, nordwestlich von der Linie Waimakariri—Arthurs-Pass—Teremakau gelegene Bergland als das Kaikora-Gebirge.

Die Südost- und die Nordwestküste dieses nordöstlichen Teiles der Südinsel laufen der Streichungsrichtung der Falten und Ketten parallel und sind deshalb, wie oben schon erwähnt, nur wenig gegliedert. Die Nordostküste dagegen erscheint als eine reichgegliederte Riasküste, weil an ihr das Gebirge quer abgeschnitten ist.

Das Kaikora-Gebirge besteht aus sehr verschieden alten Gesteinen, vom Granit und Gneis bis zum Tertiär. Jungvulkanische Bildungen fehlen. Der eigentliche Kern des Gebirges ist eine in der Mitte der Insel von Nordost nach Südwest verlaufende Kette paläozoischen Gesteins. Dieser folgt die Wasserscheide. Der südwestlich von dem etwa 3000 m hohen Mount Franklin gelegene Teil dieser Kette führt den Namen Spencer-, der nordöstlich von dem genannten Gipfel gelegene Teil derselben den Namen Saint Arnaud-Kette. Der nordöstliche Endteil dieses Zuges bildet die Südosteinfassung der Tasman-Bai, und ihr gehören auch die Bulwer-Halbinsel und die d'Urville-Insel an. Der höchste Berg dieser Kette soll der zwischen Arthurs-Pass und Mount Franklin aufragende Mount Hochstetter sein. Auf den neuesten Karten wird die Höhe dieses Gipfels zu 3417 m angegeben. Ich glaube nicht, dass der Berg so hoch ist. Im Nordwesten schliessen sich an diese paläozoische Hauptkette, im Südwesten Phyllit, im Nordosten mesozoisches, azoisches und tertiäres Gestein an. Der Phyllit und das Urgebirge bilden zusammen einen den nordwestlichen Teil des Gebirges in seiner ganzen Länge durchziehenden Streifen, der im Südwesten an die paläozoische Hauptzone anstösst, im Nordosten aber durch Inseln mesozoischen und alttertiären Gesteins von derselben teilweise getrennt ist. Diesem azoischen Streifen gehören die Ketten der Victoria Mountains und der Maritime Mountains an. Die ersteren und der südwestliche Teil der letzteren verlaufen in der Streichungsrichtung des ganzen Zuges von Südwest nach Nordost. Der nordöstliche Teil der letzteren dagegen ist west-östlich gerichtet und erscheint als eine Querkette, welche die Gebiete der in die Tasman-Bai fliessenden Gewässer von den Gebieten der in den westlichen Ozean mündenden trennt. Im

Nordwesten schliesst sich an diesen Zug das nordwestliche Randgebirge des nördlichen Teiles der Südinsel an. Dieses besteht im Südwesten vorwiegend aus azoischen, mesozoischen und alttertiären, im Nordosten vorwiegend aus paläozoischen Gesteinen. Im Norden von Greymouth erhebt sich die aus Urgestein aufgebaute Paparoa-Kette, weiter im Nordosten, jenseits des Durchbruches des Buller-Flusses, wird dieses Gebirge niedriger, um erst in den paläozoischen Ketten der Nordwestspitze der Südinsel in den Whakamarama-Bergen wieder zu bedeutenderer Höhe anzusteigen. Der wichtigste Gipfel der letztgenannten Kette ist der Mount Olympus.

Im Südosten schliesst sich an den paläozoischen Hauptzug ein breiter Streifen altmesozoischen Gesteins an. Im Süden stösst derselbe unmittelbar an die paläozoischen Schichten an, im Norden aber schiebt sich ein Phyllitstreifen zwischen beide ein. Diesem mesozoischen Gelände gehört ein südwest-nordöstlich streichender Gebirgszug an, welcher die Gebiete des nordwestlichen Wairau und des südöstlichen Awatere voneinander trennt und sich im Mount Stafford zu beträchtlicher Höhe erhebt. Im Nordosten schliessen sich jüngere, kretazeische und tertiäre Bildungen an diesen Streifen an, und solche sind es auch, welche den östlichen Teil der Nordküste der Südinsel bilden und den östlichen Teil der Cook-Strasse im Süden einfassen. Bemerkenswert ist es, dass die aus diesem jüngeren Gestein zusammengesetzte Küstenstrecke Cloudy-Bai — Kap Campbell völlig ungegliedert ist, während weiter im Westen, dort, wo die paläozoischen Schichten und der Phyllit den Strand bilden, die Küste ungemein zerrissen erscheint.

Im Südosten schliessen sich an diesen langen und breiten, ununterbrochenen Gesteinsstreifen (im Nordosten) tertiäre, dann (nach Südwesten hin) kretazeische, paläozoische und weiter wieder kretazeische Bildungen an. In reicher Wechsellagerung erstrecken sich im Nordosten die verschiedenen mesozoischen und alttertiären Schichten bis an den südöstlichen Strand. Im Südwesten schliessen sich junge, fluviatile Ablagerungen — der nordöstliche Teil der Canterbury-Ebene — an dieselben an. Dieses mesozoisch-tertiäre Gebiet erscheint im allgemeinen als ein Hügelland von mässiger Erhebung. Nur die paläozoischen Schichten steigen zu bedeutenderen Höhen an; sie sind es, welche die beiden, den Mittellauf des Clarence-Flusses einfassenden, südwest-nordöstlich streichenden Parallelketten bilden, die als das eigentliche Kaikora-Gebirge (im engeren Sinne) bezeichnet werden. Die nordwestliche von diesen Ketten wird auch

Landkaikora, die südwestliche Küstenkaikora genannt. Der höchste Gipfel des Kaikora-Gebirges (im engeren Sinne) ist der den Landkaikoras entragende, 3315 m hohe Mount Odin.

Als Aorangi-Kette ist derjenige Teil des Hauptzuges der neuseeländischen Alpen zu bezeichnen, welcher zwischen dem Arthurs-Pass im Nordosten und dem Haast-Passe im Südwesten liegt. Den ersteren haben wir oben schon als den höchsten, wasserscheidenden Punkt jener Furche kennen gelernt, welche die südwestliche Begrenzung des Kaikora-Gebirges (im weiteren Sinne) bildet. Der letztere, der Haast-Pass, liegt nur 530 m über dem Meere und erscheint als die tiefste Senkung des ganzen, die Südinsel von Neuseeland durchziehenden wasserscheidenden Hauptkammes. Nach Süden fliesst von ihm der Makarora zum Wanaka-See, welcher dem Gebiete des an der Südostküste ausmündenden Clutha-Flusses angehört, hinab; nach Westen der Okura, ein unbedeutender an der Nordwestküste ausmündender Küstenfluss.

Die Aorangi-Kette erscheint als ein schmaler und steiler, das umliegende Land sehr bedeutend überragender, südwest-nordöstlich streichender Gebirgskamm, von welchem eine Anzahl Nebenkämme ausgehen. Diese sind im allgemeinen viel niedriger als der Hauptkamm selbst. Die nach Süden und Südosten gerichteten Nebenkämme erreichen zum Teil recht bedeutende Längen; die nach Nordwesten abgehenden dagegen sind ganz kurz. Dies steht damit im Zusammenhange, dass der der nordwestlichen und südöstlichen Strandlinie parallel laufende Hauptkamm der ersteren viel näher liegt als der letzteren und die Nordwestabdachung des Gebirges eine viel steilere als die Südostabdachung ist. Die durchschnittliche Entfernung des Hauptkammes der Aorangi-Kette von der Südostküste beträgt 130, von der Nordwestküste aber nur 30 km.

Das ganze Gebirge hat einen sehr einfachen, geologischen Bau: es besteht aus hochgefalteten, südwest-nordöstlich streichenden, azoischen bis mesozoischen Schichten. Im allgemeinen werden die ältesten Gesteine im Nordwesten angetroffen, und wir kommen auf um so jüngere Schichten, je weiter wir von dem Nordwestfusse des Gebirges aus gegen dessen Südostfuss vordringen. Auf beiden Seiten, im Nordwesten sowohl wie im Südosten, stossen horizontal ausgebreitete, jungtertiäre und quartäre, meist fluviatile Ablagerungen an das alte Faltengebirge an.

Die Nordwestabdachung des Gebirges besteht aus azoischem Gestein, Granit und Gneis. Im Norden treten am Nordwestrande dieses Urgesteins einige kleine Inseln paläozoischer und alttertiärer Ablagerungen zu Tage. Abgesehen von diesen tauchen jene Urgebirgsmassen im Nordwesten unmittelbar unter die jungen, zumeist alluvialen Bildungen der Küste hinab. Im Südosten folgt Phyllit auf den Gneisgranit. Im Nordosten und im Südwesten erlangt letzterer eine bedeutende Ausdehnung. Gegen die Mitte der Aorangi-Kette hin keilt sich der Phyllit jedoch immer mehr aus,

Reste eines vulkanischen Ganges im Osten der Südinsel.

und nördlich vom Aorangigipfel selbst ist dieser den Gneisgranit im Südosten begleitende Phyllitstreif sehr schmal, stellenweise vielleicht sogar ganz unterbrochen. Im Südosten schliesst sich an den Phyllit ein ununterbrochener Streifen von paläozoischem Gestein an. Dieser ist die unmittelbare, südwestliche Fortsetzung des oben erwähnten, den mittleren Teil des Nordostendes der Südinsel durchsetzenden paläozoischen Streifens.

Im Südwesten, in der Gegend des Aorangi, entsendet dieser bis hierher geradlinig von Nordost nach Südwest streichende Gesteinsstreifen mehrere Ausläufer in südöstlicher Richtung gegen die Südostküste, welche die, auch hier noch nordost-südwestlich streichenden, jüngeren Faltenzüge des südlichen Teiles des ganzen Gebirges quer durchschneiden. Die höchsten Erhebungen der Aorangi-Kette liegen am Nordwestrande des Phyllitstreifens: der wasserscheidende Hauptkamm folgt im allgemeinen der Grenze zwischen den paläozoischen und phyllitischen, beziehungsweise Gneis- und Granit-Gesteinen. Der Nordwestabhang des Gebirges besteht aus Phyllit, Gneis und Granit; der Südostabhang aus paläozoischen Schichten.

An den paläozoischen Streifen schliesst sich eine breite Zone altmesozoischen Gesteins an, welche als unmittelbare südwestliche Fortsetzung jenes Gesteinsstreifens erscheint, der sich, wie oben erwähnt, zwischen dem südöstlichen und dem mittleren Phyllitzuge des Nordostendes der Südinsel einschiebt. Im Südosten folgen auf diese mesozoischen Falten verschiedene, ziemlich verworren gelagerte, inselförmige, vulkanische, paläozoische, kretazeische und alttertiäre Schollen. Zusammen bilden diese einen schmalen, aber ununterbrochenen Gürtel, welcher den mesozoischen Streifen von den südöstlichen, jungen Ablagerungen der Canterbury-Ebene trennt.

Gleich vom Arthur-Pass steigt der Hauptkamm zu dem etwa 2600 m hohen Mount Rolleston an, einem Berge, der bereits einen ganz alpinen Charakter hat, in den höheren Partieen mit dauernden Schneefeldern bedeckt ist und in das Thal des Kuh-Flusses einen Gletscher entsendet, der bis zu einer Höhe von 1600 m herabreicht. Ein zackiger Grat zieht von diesem Gipfel zum Mount Armstrong hinüber. Es folgen dann, durch eine ziemlich tiefe Einsattlung von dem letzteren getrennt, die Mounts Harman, Davie und Greenlaw, eine Gruppe von alpinen Gipfeln mit bedeutenden Schneefeldern, von denen mehrere Gletscher herabziehen. Die Ostabhänge dieser Berge werden von Nebenflüssen des Waimakariri und des Rakaia entwässert, während ihre Westabhänge den Gebieten des Teremakau, des Wilberforce und des Arahura angehören. Jenseits dieser Gruppe sinkt der Kamm zu dem 1650 m hohen Browning-Passe herab und steigt dann zu den schönen Gipfeln der Zwillinge empor.

Von hier bis zu dem 34 km weit im Südwesten gelegenen, 1284 m hohen Whitecombe-Passe behält der Hauptkamm eine beträchtliche Höhe bei, und viele von den Gipfeln dieser Kammstrecke ragen über 2500 m empor. Zahlreiche kleine Gletscher ziehen von denselben in die Thäler hinab. Die Ostabdachung dieses Abschnittes der Aorangi-Kette gehört dem Gebiete der Rakaia, die Westabdachung dem Gebiete des Hokitika-Flusses an.

Die Bealey-Strasse im Waimakariri-Thal.

Von dem Whitecombe-Passe bis zu dem oben erwähnten die Südwestgrenze der Aorangi-Kette bildenden Haast-Passe, auf eine Strecke von 150 km, kann der Hauptkamm nirgends, ohne Gletscher zu betreten, überschritten werden. Die mittlere Höhe dieser Kammstrecke dürfte ungefähr 2500 m betragen.

Vom Whitecombe-Passe steigt der Hauptkamm in südwestlicher Richtung zu der schönen Pyramide des Mount Whitecombe empor. Von hier zieht er über die Kinkel-Spitze zum Mount Tyndall, wo ein bedeutender, die Gebiete der Rakaia und Rangitata trennender Nebenkamm nach Südosten abzweigt. Diesem gehören der Mount Arrowsmith und der Mount Potts an.

Der Hauptkamm streicht vom Mount Tyndall in südwestlicher Richtung zur Petermann-Spitze hinüber. Von der letzteren geht ein sehr hoher Nebenkamm in südlicher Richtung ab, welcher die Gebiete des Rangitata und Waitangi trennt. Seinem stark vergletscherten Anfangsteile entragen die Mounts d'Archiac, Forbes, Sinclair und Chevalier. Dieser Kamm besteht aus den nordöstlichsten von jenen oben erwähnten nach Südosten gerichteten Abzweigungen des paläozoischen Streifens, welche die südöstlichen, nordost-südwestlich streichenden jüngeren Teile des neuseeländischen Faltenzuges quer durchsetzen. Die letzten Ausläufer dieses Kammes sind die Hunters-Hills westlich vom Timaru.

Der Hauptkamm selbst streicht, die breiten Firnfelder des Godley- und Classen-Gletschers im Nordwesten einfassend, von der Petermann-Spitze in südwestlicher Richtung weiter zu jenem Punkte nördlich vom Mount Acland, wo die Liebig-Kette von ihm nach Südwesten abzweigt. Die Liebig-Kette trennt die Gebiete des Tekapo und des Pukaki voneinander und endet dort, wo sich diese beiden Flüsse zu dem Waitangi vereinigen. Der Hauptkamm zieht von der Ursprungsstelle der Liebig-Kette in westlicher Richtung zum Mount Aylmer, wendet sich dann nach Nordwest und streicht in dieser Richtung über den von meiner Frau, dem einheimischen Träger Dew und mir im Jahre 1883 erstiegenen Hochstetter-Dom (2890 m) und den Lendenfeld-Sattel (2425 m) zu dem Mount Elie de Beaumont (3155 m). Von der Hauptkammstrecke, Abzweigung der Liebig-Kette—Mount Elie de Beaumont, ziehen der Murchison- und der Tasman-Gletscher in südwestlicher Richtung herab. Der Murchison-Gletscher wird durch einen im Monnt Aylmer vom Hauptkamme nach Südwesten abgehenden Nebenkamm von dem oberen Teile des Tasman-Gletschers getrennt. Jener Nebenkamm ist zwar nur kurz — er endet an der Vereinigungsstelle des Murchison-Thales mit dem Tasman-Thale —, verdient aber wegen seines überaus alpinen Charakters unsre besondere Aufmerksamkeit. Ihm gehört der im Jahre 1894 von Kronecker und Fyfe erstiegene 3038 m hohe Mount Darwin, die gleichfalls über 3000 m hohe Haeckel-Spitze und die ebenfalls im Jahre 1894 von Fyfe erstiegene, 3255 m hohe kühne Felspyramide des Mount Malte Brun an.

Die Nordwestabdachung der langen, zwischen Mount Tyndall

Im Otira-Thale.

und Mount Elie de Beaumont liegenden Strecke des Hauptkammes gehört dem Gebiete des Wataroa-Flusses an. Im Nordosten wird dieses Flussgebiet durch den vom Mount Tyndall zur Faust-Spitze ziehenden Bergkamm, im Südwesten durch die vom Mount Elie de Beaumont nach Nordostnord abgehende Maximilian-Kette eingefasst. Zwischen der letzteren und dem südwestlichen Teile der erwähnten Hauptkammstrecke zieht der Whymper-Gletscher vom Hochstetter-Dom in nordöstlicher Richtung hinab.

Die grossartigsten Erhebungen der Neuseeländischen Alpen

werden in der nun folgenden vom Mount Elie de Beaumont in südwestlicher Richtung zum Mount Sefton ziehenden Strecke des Hauptkammes und in den Anfangsteilen der von dieser abgehenden Nebenkämme angetroffen. Wie der Hochstetter-Dom erscheint auch der Elie de Beaumont von Süden gesehen als ein breiter Schneedom, und wie jener stürzt auch dieser nach Nordosten, beziehungsweise Norden mit steilen Felswänden zum Whymper-Gletscher ab. Von dem Massiv des Elie de Beaumont ziehen der Zsigmondy- und der Burton-Gletscher in nordwestlicher Richtung hinab; beide gehören dem Waiau-Gebiete an. Der Hauptkamm zieht vom Mount Elie de Beaumont zu einem Sattel herab und steigt jenseits desselben zu der schlanken Spitze des 2950 m hohen Mount Green empor. Es folgt dann ein zweiter Sattel und weiter der 3160 m hohe Mount de la Bêche, dessen südlicher, 3145 m hoher Vorgipfel im Jahre 1894 von Fyfe und Graham bestiegen worden ist. Vom Mount de la Bêche gehen zwei kurze Nebenkämme, einer nach Norden, einer nach Süden ab. Der erstere trennt den östlichen, vom Mount Green nach Norden herabziehenden Agassiz-Gletscher von dem westlichen Franz Josefs-Gletscher und erhebt sich in dem Sanct Mildreds- und dem Drummond's-Pik zu beträchtlicher Höhe. Der südliche Nebenkamm trennt den Kronprinz Rudolf-Gletscher, den nordöstlichsten von den rechtsseitigen Eiszuflüssen des Tasman-Gletschers, von dem oberen Teile des letzteren. Vom Mount de la Bêche zieht der Hauptkamm, eine bedeutende Höhe beibehaltend, über Kronprinz Rudolf-Spitze, Mount Jervois, Mount Spencer und Kant-Spitze, durchweg ungefähr 3000 m hohe Gipfel, zu dem breiten Eisgrat der im Jahre 1895 von Fitzgerald und Zurbriggen erstiegenen, 3200 m hohen Haidinger-Spitze empor. Von der Kant-Spitze geht ein Nebenkamm in nordwestlicher Richtung ab. Dieser trennt das Waiau-Gebiet von dem südwestlichen Weheka-Gebiete und bildet den Scheiderücken zwischen dem dem Waian-Gebiete angehörigen Franz Josefs-Gletscher im Nordosten und dem dem Weheka-Gebiete angehörigen Prinz Alfred-Gletscher im Südwesten. Die Firnfelder des letzteren nehmen die Nordwestabdachung der Kammstrecke Kant-Spitze—Mount Tasman ein. Es folgen nun die Haast-Spitze (3105 m), Lendenfeld-Spitze (3325 m), die überaus steile Eiswand des gleichfalls 1895 von Fitzgerald und Zurbriggen bestiegenen Mount Tasman (3585 m), das Silberhorn (3520 m) und der Mount Hector (3600 m). Von der Haast-Spitze geht ein Nebenkamm nach Südosten ab. Dieser trennt den nördlichen Linda- von dem südlichen Hochstetter-Gletscher, zwei rechtsseitigen Zuflüssen des Tasman, von denen namentlich der letztere sehr bedeutende Firnmassen führt. Nach Westen ziehen von der Kammstrecke Mount Tasman— Mount Hector der Hector- und der La Pérouse-Gletscher nach Westen herab. Beide gehören dem Weheka-Gebiete an.

Mount Sefton.

Der wasserscheidende Hauptkamm wendet sich im Mount Hector nach Westen und schlägt dann, die Firnfelder des nach Süden strömenden Hooker-Gletschers im Bogen umgreifend, eine südliche und weiterhin eine südwestliche Richtung ein. Die bedeutendsten Gipfel dieser Kammstrecke sind der Mount Stokes und der im Jahre 1895 von Fitzgerald und Zurbriggen bestiegene Mount Sefton. Vom Mount Hector geht ein Nebenkamm nach Süden ab, welcher das Hooker-Thal von dem Tasman-Thal trennt und an der Vereinigungsstelle beider endet. Dieser kurze und sonst unbedeutende Nebenkamm ist es, dessen Anfangsteile der höchste Gipfel Neuseelands enträgt. Eine ganz kurze Strecke südlich vom Mount Hector erhebt sich dieser Nebenkamm zu dem Aorangi oder Mount Cook. Dieser Berg hat die Gestalt eines steilen Daches, dessen nordsüdlich verlaufender, etwas über ein Kilometer langer First durchschnittlich 3700 m über dem Meere liegt. Der höchste Punkt des Berges ist das Nordende des Dachfirstes. Dieses hat eine Seehöhe von 3768 m. Im Jahre 1882 versuchte Green mit zwei Schweizer Führern den höchsten Gipfel des Aorangi vom Tasman-Gletscher aus über die Firnfelder des Hochstetter-Gletschers zu erreichen. Obwohl er eine beträchtliche Höhe erreichte und ziemlich nahe an den Gipfel herankam, gelang es ihm nicht, seinen Fuss auf diesen Gipfelpunkt der neuseeländischen Alpen zu setzen. Die in den nächsten elf Jahren von verschiedenen anderen unternommenen Versuche, jenes Ziel zu erreichen, hatten noch viel weniger Erfolg: keine von diesen Unternehmungen kam so weit wie Green mit seinen Führern. Erst zu Weihnachten 1894 gelang es Fyfe und Graham, vom Hooker-Gletscher aus über die zwischen dem Mount Hector und dem Aorangi eingesenkte Scharte den höchsten Gipfel zu erreichen. Später, im Jahre 1895, hat dann auch Zurbriggen diesen Gipfel vom Tasman-Gletscher aus erstiegen.

 Vom Mount Sefton geht ein Nebenkamm in nordwestlicher Richtung ab, welcher die Gebiete des nordöstlichen Weheka und des südwestlichen Karangarua trennt. Bedeutende Gletscher ziehen vom Mount Sefton nach Norden und nach Westen in diese Thäler hinab, während sich im Osten desselben der Müller-Gletscher ausbreitet. Der wasserscheidende Hauptkamm giebt südwestlich vom Mount Sefton einen sehr bedeutenden Nebenkamm nach Süden ab. Dieser wendet sich weiterhin nach Südosten und bildet die Südwestgrenze des Waitangi-Gebietes. Vom Mount Holmes geht auch nach Westen ein bedeutender Kamm ab, der das Gebiet des Haast-Flusses im Westen begrenzt. Der Hauptkamm selbst zieht über den Mount Napoleon und den Mount Brewster zu jenem Haast-Passe hinab, den wir als die Südwestgrenze des Aorangi-Zuges auffassen.

 Die wesentlichsten Charakterzüge dieses neuseeländischen Hochgebirges sind die Breite der Alpenthäler und die Grösse der Gletscher. Das Tasman-Thal, das von den höchsten Berggipfeln Neuseelands eingefasst wird und bis an die Hauptwasserscheide hinanreicht, und in dessen oberstem Teile der grösste Gletscher des ganzen

Gebietes sich ausbreitet, ist das grösste von den dortigen Alpenthälern. Dasselbe besitzt alle charakteristischen Eigentümlichkeiten derselben und mag daher näher beschrieben werden.

Als das oberste Ende dieses Thales kann der Gipfel des Hochstetter-Doms betrachtet werden, der, wie erwähnt, 2890 m über dem Meere liegt. In einer Breite von durchschnittlich 2 km zieht es von hier 11 km weit mit der beträchtlichen Durchschnittsneigung von 1:8 in südwestlicher Richtung herab. Dort, wo sich der Kronprinz Rudolf-Gletscher mit dem oberen Tasman-Gletscher vereinigt, wendet es sich nach Südwest und erstreckt sich in dieser Richtung fast ganz gerade 70 km weit bis zum Südende des Pukaki-Sees. In dieser ganzen Strecke ist das Tasman-Thal nirgends weniger als 2 km und nirgends mehr als 7 km breit. Die durchschnittliche Breite dieser Thalstrecke dürfte ungefähr $4^1/_2$ km betragen. Das Gefälle in den oberen vergletscherten 17 km dieser Thalstrecke beträgt 1:24, in den unteren eisfreien 53 km nur 1:260. Die untersten 15 km werden von dem Pukaki-See eingenommen, dessen Spiegel 523 m über dem Meere liegt, während der in einer Höhe von 718 m endende Tasman-Gletscher die oberen 28 km ausfüllt. Obwohl die Neigung der Sohle dieser Thalstrecke von oben nach unten abnimmt und die Breite derselben sich erhöht, so werden doch nirgends Thalstufen oder plötzliche Thalverbreiterungen angetroffen.

Der Boden des zwischen dem unteren Ende des Tasman-Gletschers und dem oberen Ende des Pukaki-Sees liegenden freien Abschnittes dieser Thalstrecke hat eine vollkommen flache, scheinbar ebene, aus Flussgeröll aufgebaute Sohle. In ein Netz ewig wechselnder Torrenten aufgelöst, durchströmt der Tasman-Fluss diesen flachen Boden, nacheinander alle Teile desselben überflutend, hier abtragend, dort aufbauend. Dem entsprechend erscheint die Thalsohle grossentheils pflanzenlos, bedeckt mit Geröll und mit Sandbänken. Steil und unvermittelt tauchen die in den unteren Thalstrecken mit Steppengras, gegen den Gletscher zu mit niedrigem Buschwerk bedeckten, ziemlich steil geneigten, stellenweise felsigen Thalwände unter die Geröll- und Sandmassen hinab, welche die Sohle des Tasman-Thales bilden.

Der Pukaki-See verdankt, ebenso wie der Tekapo- und der Ohau-See in den Nachbarthälern, jenen Moränen seine Entstehung, welche während der neuseeländischen Eiszeit von den Gletschern dieser Alpenthäler aufgebaut wurden, und nun gewaltige, dieselben quer abschliessende und ihre Flüsse zu Seen aufstauende Dämme bilden. Merkwürdig ist es, dass das Wasser dieser Seen ebenso trübe wie jenes der Gletscherflüsse ist, die sie speisen; eine Klärung des Wassers, wie wir sie z. B. im Genfer-See beobachten, findet hier nicht statt, und der Fluss kommt fast ebenso trübe aus dem See hervor, wie er in denselben eingetreten ist.

Der unter dem See Pukakiast des Waitangi genannte Tasman-Fluss durchbricht den breiten, glazialen Moränenwall und vereinigt sich mit den gleichfalls Seen durchströmenden Gletscherflüssen Tekapo und Ohau zu dem eigentlichen Waitangi. Der letztere durchquert die südöstlichen mesozoischen und paläozoischen Faltenzüge und tritt dann in eine breite alluviale Ebene hinaus; diese in einem breiten Inundationsgebiete wechselnden Laufes und vielerorts in zahlreiche Arme aufgelöst durchströmend, erreicht er nordöstlich von Oamaru den Südostrand der Insel. Das Gefälle des 123 km langen Laufes des Pukaki-Armes und des Waitangi, vom Pukaki-See bis zur Mündung, beträgt 1:234.

Im Frühling und auch sonst bei nach bedeutenden Schneefällen im Hochgebirge eintretendem Tauwetter schwillt der Strom mächtig an, ist aber auch zu andern Zeiten und selbst mitten im Winter ziemlich wasserreich.

Der Zentralteil der neuseeländischen Alpen, die Aorangi-Kette, liegt zwischen dem 43. und 44. Parallelkreise. Die Erhebung ist nicht sehr bedeutend. Der höchste Gipfel, der Aorangi, liegt, wie erwähnt, nur 3768 m über dem Meere. Die übrigen Gipfel sind zumeist nur wenig mehr als 3000 m hoch. Die mittlere Kammhöhe beträgt 2500 m. Die Kämme sind schmal und steil, die Thäler tief eingesenkt und breit, der Sockel, auf dem das Gebirge steht, weniger als 1000 m hoch, die Massenerhebung also nur gering.

In Bezug auf geographische Lage und Höhe können die neuseeländischen Alpen mit den Pyrenäen verglichen werden. Einzelne Gipfel der ersteren sind etwas höher als die Erhebungspunkte der Pyrenäen, dafür ist aber die Massenerhebung der letzteren eine bedeutendere. Vergleichen wir nun den Grad der Vergletscherung dieser beiden Gebirge mit einander, so tritt uns ein geradezu verblüffender Unterschied entgegen. Während in den Pyrenäen nur in den höchsten Gebirgsteilen einzelne kleine Firnfelder, die zumeist kaum den Namen Gletscher verdienen, vorkommen, tritt uns in den neuseeländischen Alpen eine ganz gewaltige Vergletscherung entgegen. Dieser Unterschied ist auf die grosse Verschiedenheit der

Stirne des Franz Josefs-Gletschers.

klimatischen Verhältnisse in den Pyrenäen und in der neuseeländischen Aorangi-Kette zurückzuführen. Im Gebiete der ersteren liegt die Schneegrenze zwischen 2700 und 3100 m, im Gebiete der letzteren zwischen 1600 und 2000 m.

Am stärksten vergletschert ist die Hauptkammstrecke Mount Tyndall — Mount Holmes. Von dieser ziehen nach Südosten der Godley-, Classen-, Murchison-, Tasman-, Hooker- und Müller-Gletscher, nach Nordwesten der Whymper-, Zsigmondy-, Burton-, Agassiz-, Franz Josefs-, Prinz Alfred-, Hector- und La Pérouse-Gletscher hinab. Einige Ausmasse dieser Gletscher sind in der folgenden Tabelle angegeben:

Gletscher	Gesamtlänge nach der Mitte gemessen km	Grösste Breite der Zunge m	Meereshöhe des Gletscherthores m
Godley	19	1900	1091
Classen	12	2800	1074
Murchison	14½	1520	1008
Tasman	28	3400	718
Hooker	11½	950	879
Müller	13	950	767
Whymper	16	?	?
Zsigmondy	5	?	?
Burton	5	760	?
Agassiz	7½	890	?
Franz Josef	12½	1080	283
Prinz Alfred	16	1010	213
Hector	8½	950	762
La Pérouse	7½	1010	?

Der am tiefsten herabreichende von diesen Gletschern ist der Prinz Alfred-Gletscher, dessen Ende bloss 213 m über dem Meere liegt; der weitaus grösste der Tasman-Gletscher. Diesen letztgenannten grössten und am besten bekannten von den neuseeländischen Eisströmen wollen wir etwas genauer betrachten und dann die Ursachen der grossartigen Vergletscherung der Aorangikette zu ergründen suchen.

Der Tasman-Gletscher wurde anfangs der sechziger Jahre von Haast entdeckt und in den folgenden Jahren von dem genannten Forschungsreisenden vermessen. Die erste vollkommene Überschreitung bis an sein oberstes Ende und die erste genauere trigonometrische Aufnahme desselben wurden von mir im Jahre 1883 ausgeführt. Seither sind verschiedene Reisende, sowie auch die Ingenieure der neuseeländischen Landesvermessung hierher gekommen, und die letzteren haben den Tasman-Gletscher in die Landesvermessung einbezogen.

Der Tasman-Gletscher liegt zwischen dem 43. und 44. südlichen Parallelkreise, er nimmt den obersten Theil des Tasman-Thales ein und zieht in südwestsüdlicher Richtung durch dasselbe hinab. Im ganzen genommen ist das Becken des Tasman-Gletschers recht schmal. Das obere Ende, seine nordöstliche Einfassung, wird durch die Hauptkammstrecke Mount Aylmer — Mount Elie

Am oberen Tasman-Gletscher.

de Beaumont gebildet, aus deren Mitte der Hochstetter-Dom emporragt. Im Nordwesten begrenzt die Hauptkammstrecke Mount Elie de Beaumont — Mount Hector und der den Aorangi tragende, vom Mount Hector nach Süden abgehende Nebenkamm das Gebiet des Tasman-Gletschers. Im Südosten wird es zunächst von dem im Mount Aylmer vom Hauptkamm nach Südwesten abzweigenden Malte Brun-Kamme und weiterhin von Ausläufern der Liebig-Kette eingefasst. Zwischen jenem Malte Brun-Kamme und diesem Teile der Liebig-Kette zieht das Murchison-Thal herab. Das letztere vereinigt sich am Ende des Malte-Brun-Kammes mit dem Tasman-Thale. Der Tasman-Gletscher zieht an der Mündung des Murchison-Thales vorüber. Es gehört also eigentlich auch dieses samt allen seinen Verzweigungen zum Tasman-Gletschergebiete. Da jedoch der den oberen Teil des Murchison-Thales ausfüllende Murchison-Gletscher weit oberhalb dieser Thalvereinigungsstelle endet und seine Eismassen sich nicht mit jenen des Tasman vereinigen, so wollen wir hier lieber den Murchison-Gletscher nicht als zum Tasman gehörig ansehen.

Die Gesamtlänge des Tasman-Gletschers beträgt nach den neuesten Aufnahmen 27 870 m. Das Becken desselben ist oben, im Nordosten $4^1/_2$ und unten, im Südwesten, im Gebiete der Gletscherzunge 7 km breit. In den mittleren Partieen erreicht es einen Querdurchmesser von 9 km. Das ganze Sammelgebiet hat eine Ausdehnung von ungefähr 220 qkm. Die eigentliche unter der Schneegrenze liegende Zunge des Gletschers hat eine Länge von 21 km, eine grösste Breite von 3400 m und eine durchschnittliche Breite von 2629 m. Es nimmt demnach die Zunge des Gletschers einen Flächenraum von 55.2 km, also gerade ein Viertel des ganzen Beckens ein.

Die durchschnittliche Höhe der das Tasman-Gletschergebiet einfassenden Kämme beträgt etwa 2650 m. Das untere Ende des Eisstromes liegt in einer Höhe von 718 m, und die Schneegrenze (am Eise) in einer Höhe von ungefähr 1800 m. Die ganze 21 km lange Zunge liegt also zwischen 718 und 1800 m über dem Meere.

Obwohl keine merklichen Stufen das Gefälle der eiserfüllten Sohle des obersten Teiles des Tasman-Thales zu unterbrechen scheinen, so ist der Tasman-Gletscher selbst doch stellenweise, so namentlich oberhalb der Einmündungsstelle des Kronprinz Rudolf-Gletschers, sehr beträchtlich zerklüftet. Die stärkste Zerklüftung zeigt der grosse, über einen 700 m hohen, ziemlich steilen Abhang herabstürzende Hochstetter-Gletscher, ein rechtsseitiger Eiszufluss des Tasman. Dort, wo dieser Sekundärgletscher über den Steilhang herabkommt, ist er ganz in Eisnadeln und -Türme zersplittert. Oberhalb der Schneegrenze, in der Firnregion, werden ausserordentlich grosse, breite, tiefe und lange Spalten angetroffen. Nur ein kleiner Teil der Firnfelder des Tasman scheint frei von solchen Riesenspalten zu sein. Selbst dort, wo die Neigung der Firnoberfläche eine geringe und völlig gleichmässige ist, werden sie angetroffen.

Mächtige Klüfte durchschneiden die Firndome, welche die Gipfel des Hochstetter-Domes und des Mount Elie de Baumont bilden.

Wo, wie am Ostabhange des Mount De la Bèche, der Haidinger-Spitze und des Mount Tasman, die Firnhänge stärker geneigt sind, werden die grossen Firnspalten so zahlreich, dass sie die ganze Eismasse in getrennte Stücke, in einzelne Tafeln zerschneiden. Auffallend häufig sind die Tafeln viereckig.

Der Tasman-Gletscher besitzt ausserordentlich grosse Moränen. Die geschlossene Endmoräne ist 5 km tief, d. h. es sind die untersten 5 km der Gletscherzunge ganz und gar mit Gesteintrümmern bedeckt. Die Moränen des mittleren Teiles des Eisstromes sind sehr breit; 14 km von der Gletscherstirne entfernt ist noch immer mehr als die Hälfte der Eisoberfläche moränenbedeckt. Weiter oben, unterhalb der Einmündungsstelle des Rudolf-Gletschers, finden wir neun getrennte Moränen auf dem Tasman-Gletscher.

Die Gletscherzunge ist durch tiefe und breite seitliche Längsthäler von den Thalwänden getrennt: der Eisstrom füllt das Thal, in dem er herabzieht, nicht in seiner ganzen Breite aus, sondern lässt zu beiden Seiten einen Raum frei, der dann als seitliches Längsthal erscheint. In dem linksseitigen von diesen Seitenthälern strömt der Murchison-Fluss hinab.

Auf dem Gletscher selbst werden grosse, dolinenartige, trichterförmige Einsenkungen angetroffen.

Wenn wir nun diesen Gletscher mit einem der wohlbekannten europäischen Alpengletscher, etwa mit dem ihm an Grösse nahekommenden Aletsch, dem grössten von diesen, vergleichen, so erkennen wir sofort, dass diese beiden für ihre Gebiete typischen Gletscher sich sehr wesentlich voneinander unterscheiden. Die folgende Masstabelle wird dies klar machen:

	Tasman	Aletsch
Höhe des höchsten Punktes der Einfassung	3768 m	4182 m
Höhe der Schneegrenze	1800 m	2750 m
Höhe des Gletscherendes	718 m	1353 m
Fläche der Ausdehnung des Gesamtgebietes ..	220 qkm	200 qkm
Fläche des mit Schnee und Eis bedeckten Teiles des Gebietes	119.26 qkm	128.99 qkm
Fläche der Zunge (unter der Schneegrenze) ..	55.2 qkm	29.45 qkm
Länge des Gesamtgletschers	27.87 km	24 km
Länge der Zunge	21 km	16.5 km
Durchschnittliche Breite der Zunge	2.63 km	1.79 km

Wir sehen, dass sich die Gesamtfläche von Eis und ewigem

Schnee zur Oberfläche der Gletscherzunge beim Aletsch wie 4.3 : 1, beim Tasman aber wie 2.1 : 1 verhält. Es ist also die Zunge des Tasman im Vergleiche zur Gesamtfläche doppelt so gross wie die Zunge des Aletsch.

Die in anbetracht ihrer niederen geographischen Breite und ihrer geringen Höhe — mit der Vereisung europäischer Gebirge verglichen — so ausserordentlich starke Vergletscherung der neuseeländischen Alpen ist also nicht nur auf die tiefe Lage der Schneegrenze, sondern auch darauf zurückzuführen, dass in den neuseeländischen Alpen gleich grosse Firnflächen doppelt so grosse Gletscherzungen erzeugen wie in den europäischen. Jene tiefere Lage der Schneegrenze sowohl als diese bedeutendere relative Ausdehnung der Gletscherzungen werden durch das ozeanische Klima Neuseelands verursacht. Neuseeland liegt in der Mitte der „Halbkugel der grössten Wasserflächen". Die neuseeländischen Alpen erheben sich steil und unvermittelt, einer Mauer gleich, aus dem Weltmeere, und sie erstrecken sich von Südwesten nach Nordosten senkrecht zur Richtung der feuchten Nordwestwinde. Die Niederschlagsmenge ist daher im Gebirge eine sehr bedeutende, am Nordwestabhange grösser als am Südostabhange.

Aus meinen eigenen und aus den Beobachtungen anderer ergiebt sich eine — der Schmalheit des ganzen Gebirges entsprechende — besonders rasche Temperaturabnahme mit zunehmender Höhe in den höheren Regionen der neuseeländischen Alpen. Weil es dort — in den höheren Regionen — so kalt ist, fällt über 1500 m der reichliche Niederschlag grösstenteils in Form von Schnee herab.

Das ozeanische Klima begünstigt die Erhaltung des Schnees in fester Form durch die Gleichmässigkeit seiner Temperatur ausserordentlich. Selbst wenn die Mitteltemperatur und die Menge des jährlich fallenden Schnees in den neuseeländischen Alpen der Mitteltemperatur und der Schneemenge in den europäischen Alpen vollkommen gleich wären, so müsste die blosse Gleichmässigkeit der Temperatur in Neuseeland dazu führen, dass die Schneegrenze in den neuseeländischen viel tiefer als in den europäischen Alpen liegt, denn es kommen für das Auftauen des Schnees nur die über 0° liegenden und nicht auch die unter 0° liegenden Temperaturen in Betracht. Vereint mit der bedeutenden Niederschlagsmenge und der raschen Temperaturabnahme mit zunehmender Höhe drückt jene Gleichmässigkeit der Wärme die Schneegrenze in der Aorangikette auf 1600—2000 m herab. Am Nordwestabhange liegt dieselbe wegen der bedeutenderen Niederschlagsmenge etwa 250 m tiefer wie an der Südostabdachung.

Und ebenso wie die Gleichmässigkeit der Temperatur die Schneegrenze herabdrückt, so trägt sie auch wesentlich zur Erhaltung der Gletscherzungen bei, die — von oben her — auch nur durch jene Temperatur abgeschmolzen werden, welche über $0°$ liegt. Es ist klar, dass die Höhe der Temperatur über $0°$ den grössten Einfluss auf die Geschwindigkeit der Abschmelzung der Gletscherzungen ausüben wird, während Verschiedenheiten in der Tiefe der Temperatur unter $0°$ keinen solchen Einfluss ausüben werden: ob die Temperaturmaxima $+3°$ oder $+30°$ betragen, ist für die Gletscherentwicklung von grösster Bedeutung: ob die Minima $-3°$ oder $-30°$ betragen, ist für dieselbe dagegen ziemlich gleichgültig.

Weil die Niederschlagsmenge an der Nordwestabdachung eine bedeutendere als an der Südostabdachung ist, und daher die Schneegrenze dort tiefer liegt als hier, und weil der Nordwestabhang des Gebirges erheblich steiler als der Südostabhang ist, reichen die nordwestlichen Gletscher viel tiefer als die südöstlichen herab. Die zwei grössten nordwestlichen Gletscher, der Franz Josef- und der Prinz Alfred-Gletscher, enden in Höhen von 283 und 213 m, während der am tiefsten herabgehende südöstliche Eisstrom, der Tasman, in einer Höhe von 718 m endet.

Der ausserordentliche Moränenreichtum des Tasman-Gletschers sowie die trichterförmigen Einsenkungen seiner Oberfläche und die Seitenthäler, welche seine Zunge einfassen, scheinen darzuthun, dass sich dieser Gletscher sehr langsam bewegt. In Bezug auf die Moränen des Tasman-Gletschers und seiner Eiszuflüsse ist zu bemerken, dass die der Sonnenstrahlung und damit auch den Temperaturschwankungen stärker ausgesetzten nördlichen Abhänge bei gleichen übrigen Umständen viel grössere Moränen als die südlichen, nur wenig von der Sonne bestrahlten Abhänge liefern.

Wenn die europäischen Alpen ebenso stark vergletschert wären, wie die neuseeländischen gegenwärtig sind, so würden alle Hauptthäler bis ins Vorland hinaus von mächtigen Firnströmen erfüllt sein, und es würden dieselben Verhältnisse herrschen, welche zur Eiszeit in unserem Alpengebiete geherrscht haben. Wir könnten daher sagen, dass sich Neuseeland gegenwärtig in einer Eiszeit befinde. Wenn dies aber auch richtig ist, so zeigen doch die allenthalben in den dortigen Alpenthälern vorkommenden Spuren deutlich, dass die neuseeländischen Alpen in früheren Zeiten viel stärker vergletschert waren, als sie es heute sind. Damals reichten die südöstlichen Gletscher hinab bis zu der dem Gebirge im Südosten vorgelagerten Ebene, während die grösseren nordwestlichen das Meer erreichten.

Das Tiefland am Fusse der Aorangi-Kette und die Banks-Halbinsel. Die Flachländer, welche sich am Fusse des Gebirges ausbreiten, sind im Nordwesten unbedeutend, im Südosten und im Osten aber sehr ausgedehnt.

Das nordwestliche Küstenland besteht aus einem durchschnittlich 11 km breiten Streifen von altem glazialen Moränenmaterial. Zwischen der Mündung des Grey-Flusses, $42^1/_2°$ S, und der Bruce-Bai, $43^1/_2°$ S, treten nirgends ältere Gesteine an die Küste heran. Die wilden Alpenwässer, welche steilen Laufes von der Nordwestabdachung des Gebirges herabkommen, durchschneiden diesen Küstenstrich und münden in breiten Buchten, mehrfach Lagunen bildend, zwischen etwas vorspringenden Landzungen in den Ozean.

Das südöstliche und östliche Küstenland erscheint als eine bis 60 km breite, aus postpliozänem Alluvium aufgebaute, vom westlichen Gebirge gegen die Südostküste sanft abfallende Ebene. Dieselbe führt den Namen Canterbury-Ebene. Seitdem die neuseeländischen Alpen bestehen und das Wasser abrasierend auf dieselben einwirkt, wird abgeschwemmtes Material am Fusse der Gebirgskette abgelagert. Dieses Material füllte den anstossenden Teil des südöstlichen Ozeans aus und bildete einen Flachlandsaum, der infolge der stetig fortschreitenden Ablagerung immer weiter gegen das Meer vordrang. Während diese Strandebene im Südosten des Gebirges solcherart an Breite und Höhe zunahm, fanden 50 km südöstlich von der Alpenkette submarine vulkanische Ausbrüche statt, wobei innerhalb des Vulkangebietes eine kleine Scholle paläozoischen Gesteins emporgehoben wurde. Diese und die sich immer höher auftürmenden vulkanischen Massen stiegen alsbald über die Meeresoberfläche empor und bildeten eine Insel, welche sich infolge der fortgesetzten Ausbrüche immer mehr vergrösserte. Es lagen da mehrere Einzelvulkane innerhalb eines Kreises von 12 km Durchmesser beisammen, von denen aus Lavaströme ergossen und feste Auswurfsmassen verbreitet wurden. Diese Vulkane wuchsen 1000 m und mehr über die Oberfläche des Meeres empor. Endlich erlosch die vulkanische Thätigkeit, und die Krater wurden durch Barrankenbildung mit dem Meere verbunden: gegenwärtig erscheinen dieselben als tief in die vulkanische Bergmasse einschneidende Buchten.

Diese vulkanische Insel wurde vom atmosphärischen Wasser sowie von der heftigen Brandung, der sie bei allen ausser nordwestlichen Winden ausgesetzt war, stark angegriffen, und das von ihr abgewaschene Material lagerte sich ringsum im Ozean ab. So wurde der Meeresgrund in der Umgebung der Insel immer mehr angeschüttet. Ausserdem schützte die Insel das hinter ihr liegende Land vor dem Anpralle der Wogen. Von dem Materiale, das die südöstlichen Flüsse vom Gebirge herabbrachten, musste daher hier, hinter der Vulkaninsel, mehr wie anderwärts zur Ablagerung gelangen: die südöstliche Strandlinie rückte an dieser Stelle rascher als an anderen Stellen gegen das Meer vor. Endlich vereinigte sich der so entstandene Landvorsprung mit dem von der Insel selbst stammenden Alluvium; die Insel verwandelte sich in eine Halbinsel und erschien nun als ein Vorgebirge der Südostküste. Dieses hat den Namen Banks-Halbinsel erhalten. Eine ihrer Kraterbuchten ist der wichtigste Hafen des mittleren Teiles der Südostküste, Port Lyttelton.

Die Bergmasse der Banks-Halbinsel ist oval, ungefähr 48 km lang und 30 km breit. Ihr höchster Punkt ist der Gipfel des 918 m hohen Mount Herbert.

Die Banks-Halbinsel besteht aus mehreren Vulkanbergen. Die Lava- und Aschenschichten derselben greifen ineinander, sodass die einzelnen Kegel ihre Individualität teilweise eingebüsst haben. Gegenwärtig sind fünf grosse Krater erkennbar. Von ihren Rändern senkt sich das Gelände nach aussen hin mit einer Neigung von etwa 20°, während die inneren Abhänge viel steiler, in ihren oberen Partieen vielerorts senkrecht sind.

Einen auffallenden Charakterzug dieser Vulkangruppe bilden die zahlreichen, senkrecht gerichteten, zum Teil bis 10 m mächtigen Intrusions-Gänge. Radspeichen gleich strahlen sie von den Eruptionszentren aus; sie sind die Füllmassen der bei explosiven Ausbrüchen gebildeten Spalten. Da sie aus widerstandsfähigerem Materiale bestehen als die Lavaströme und Auswurfslagen, die sie durchsetzen, so treten sie an den Abhängen vielerorts frei als lange und stellenweise ziemlich hohe, senkrechte Steinmauern vor. Man hat den Hafen von Lyttleton durch einen Tunnel mit dem Hinterlande verbunden und dabei den umgebenden Kraterwall quer durchschnitten. Dieses schöne geologische Profil wurde von Haast genauer untersucht; er hat gefunden, dass jener Kraterwall an der durchbohrten Stelle aus 61 Strömen kompakten oder porphyritischen Basaltes, 54 Strömen lockerer Lava, 39 Schichten von Konglomeraten, 19 Schichten gebrannten Erdbodens (Laterit) und 1 Lage Felstrümmer, im ganzen 174 unterschiedlichen Schichten zusammengesetzt ist.

Das ebene Gelände im Westen, hinter der Banks-Halbinsel ist sehr jugendlichen Alters, kaum noch konsolidiert könnte man sagen, und liegt ausserordentlich tief. Zwischen dem Südwestfusse der

Lady Mountain.

Banks-Berge und dem eigentlichen Festlande breitet sich die, durch eine zarte Sandbarre vom Meere getrennte Waihora-Lagune aus, in welche der Selwyn-Fluss einmündet. An diese Lagune schliessen sich sumpfige Niederungen an. Im Nordwesten der Berggruppe ist das Tiefland trockener, und hier steht, in einer Seehöhe von ungefähr sechs Metern, die Stadt Christchurch.

Nach Westen hin steigt diese Ebene sehr allmählich bis zum Südostfusse des Gebirges an. Nur stellenweise finden sich niedrige Stufen. Die Ebene erstreckt sich von dem Waipara im Norden bis Timaru im Süden 180 km in die Länge und ist grösstenteils

50—60 km breit. Sie wird von drei, vom Hauptkamme des Gebirges nach Südosten herabkommenden Strömen, dem Waimakariri, der Rakaia und der Rangitata, sowie von mehreren kleineren Flüssen durchquert. Diese Gewässer, namentlich die erstgenannten sind zur Zeit der Schneeschmelze sehr wasserreich und erscheinen dann als breite, reissende Ströme. Im Winter nehmen nur einige kleine Gerinne ihre wüsten, geröllerfüllten, stellenweise über 2 km breiten Inundationsgebiete ein.

Nach der Provinz, in welcher sie sich ausbreitet, führt diese Ebene, wie oben erwähnt, den Namen Canterbury-Ebene. Sie ist von Natur aus vollkommen baumlos, nur mit Steppengras bewachsen. Die dort, namentlich in der Nähe der Stadt Christchurch, gepflanzten Bäume kommen aber gut fort.

Der südwestliche Teil der Südinsel und die Stewart-Insel. Nach Südwesten hin geht die, in der Mitte der Insel ganz schmale Aorangi-Kette in ein breites Bergland über, das Plateaucharakter hat. Dieses südwestliche Hochland ist nicht wie die Kaikora- und Aorangi-Kette aus nordost-südwestlich streichenden, sondern grösstenteils aus nordwest-südöstlich streichenden Gesteinsschichten zusammengesetzt.

Es ist oben erwähnt worden, dass sich zwischen den paläozoischen Schichten der Südostabdachung der Aorangi-Kette und dem Granit und Gneis der Nordwestabdachung Phyllit einschiebt, welcher in der Mitte dieser Kette, nördlich vom Aorangi-Gipfel sehr schmal ist, nach Nordosten und Südwesten hin sich aber stark verbreitet. Namentlich die südwestliche Verbreiterung dieses Phyllits ist eine sehr bedeutende. Hier im Südwesten geht der Phyllit nämlich in einen 100 km breiten Streifen über, welcher der in diesem Teile Neuseelands herrschenden Streichungsrichtung entsprechend von Nordwesten nach Südosten verläuft und die Südinsel in ihrer ganzen Breite durchquert. Im Nordosten und im Südwesten schliessen sich Streifen paläozoischen Gesteins an diese breite Phyllitzone an. In den alten Thalsenkungen werden tertiäre und jüngere Ablagerungen angetroffen. Gegen die Küsten zu sind dem Phyllit stellenweise kretazeische Schichten aufgelagert. Ebenso ununterbrochen wie dieser Phyllit sind die im Südwesten an denselben angrenzenden paläozoischen Schichten: auch sie bilden ein Band, das die Insel in ihrer ganzen Breite durchquert. Komplizierter wird der geologische Bau nach Südwesten hin. Da treffen wir im äussersten Westen der Südinsel einen Schild von Granit und krystallinischem Schiefer an, während im Osten, dem paläozoischen Streifen parallel, von Nordwesten nach Südosten streichende mesozoische Schichten zu Tage treten. An der grossen Verwerfung, wo diese an das westliche Urgebirgsmassiv herantreten, finden wir wieder Schollen von paläozoischem und phyllitischem Gestein. Auch hier im äussersten Süden werden in den Tiefen ausgedehnte, tertiäre und jüngere Ablagerungen angetroffen.

Die Berge erreichen in diesem südwestlichen Gebiete keine so bedeutenden Höhen wie in der Aorangi-Kette. Die höchsten Erhebungen liegen im Nordwesten, in oder doch nahe bei der Hauptwasserscheide, die der Nordwestküste stark genähert ist. Die wichtigsten Gipfel sind der 3112 m hohe Mount Aspiring, der 2864 m hohe Mount Earnslaw und der 2600 hohe Mount Pollux.

Der südöstliche, niedrigere Teil dieses Gebietes ist ein reichgegliedertes Hügel- und Bergland, das von dem bedeutenden Clutha-Flusse und einigen anderen kleineren Gewässern durchströmt wird. Alle diese Flüsse haben einen nordwestnord-südostsüdlich gerichteten Lauf. Der nordwestliche höhere Teil erscheint als ein gebirgiges Plateau, das sich bis an die Nordwestküste erstreckt, um dort steil und unvermittelt unter das Meer hinabzutauchen. Dieses Plateau ist 1500—1700 m hoch, und die demselben entragenden Berggipfel steigen 2000—2500 m über das Meer empor. In dieses Hochland dringen zahlreiche, grossartige Schluchten von Nordwesten und von Südosten her ein. Die nordwestlichen Einschnitte erscheinen als tiefe Meeresbuchten, es sind das die berühmten Fjorde der neuseeländischen Westküste. Die südöstlichen Schluchten bergen in ihren Tiefen eine Reihe von prächtigen Alpenseeen. Die Vegetation ist in diesem niederschlagsreichen Gebiete sehr üppig, grossenteils immergrün und die Landschaft sehr schö

Ebenso wie der Zentralteil der neuseeländischen Alpen, die Aorangi-Kette, durch die riesigen Gletscher, ist dieses südwestliche Gebiet durch seinen Fjord- und Seenreichtum gekennzeichnet. Es gleicht in dieser Hinsicht Norwegen, und wie dort verdanken zweifellos auch hier in Südwest-Neuseeland die vielen schmalen, zum Teil vielarmigen Seen sowie die Fjorde der einstigen Bedeckung des ganzen Gebietes mit grossen Eismassen ihre Entstehung. Diese waren es, welche die cañonartigen, vor Eintritt der Eiszeit durch fliessendes Wasser gebildeten Schluchten erfüllten und dieselben vor Ausfüllung mit Geröll u. s. w. schützten, während infolge tektonischer Störungen die Gefällsverhältnisse ihrer Sohlen abgeändert wurden und die Becken zur Ausbildung kamen, die uns in jenen tiefen und schmalen See- und Fjordmulden entgegentreten.

In diesem Gebiete werden an sechzig Seen gezählt.

Die bedeutendsten von diesen sind von Nordosten nach Südwesten: der Hawea, Wanaka, Wakatipu, Te Anau, Manipori, Monowai und Hauloko. Hawea, Wanaka und Wakatipu gehören dem System des Clutha-Flusses; die übrigen dem System des Waiau-Flusses an. Der grösste See dieses Gebietes ist der Te Anau; er nimmt einen Flächenraum von 342 qkm ein, und sein Spiegel liegt 200 m über dem Meere. Der Wakatipu ist 295, der Wanaka 194 qkm gross. Alle diese Seen sind sehr tief. Die grössten gemessenen Tiefen betragen im Te Anau 290, im Wanaka 331 und im Wakatipu 430 m.

Die Seen sind entweder einfach, lang und schmal und füllen eine Thalfurche aus, wie der Wakatipu; oder sie bestehen aus mehreren getrennten, schmalen Armen, die sich in einem Zentralbecken vereinigen, wie der Te Anau. Von allen diesen Seen liegt der letztgenannte der jenseitigen Küste am nächsten, und die Enden der Arme, die er nach Nordwesten entsendet, sind kaum 15 km von den oberen Enden der nächsten, westlichen Fjorde entfernt. Landschaftlich ähneln diese Seen den gegenüberliegenden Fjorden. Würde der Südwestabschnitt Neuseelands um einige hundert Meter versenkt werden, so würden sich die von diesen Seen eingenommenen Thalfurchen teilweise miteinander und den Fjordfurchen zu einem Netze verbinden, welches dieses Hochland in eine Anzahl von Inseln und Halbinseln zersplittern und demselben einen ähnlichen Charakter aufprägen würde, wie er uns an der Südspitze von Südamerika entgentritt.

Es ist eingangs schon auf die grossartigen Fjorde des südlichen Teiles der Nordwestküste der Südinsel hingewiesen worden. Diese Fjorde sind auf den südlich von 44° 30′ S. gelegenen Teil der Nordwestküste beschränkt. Der nördlichste von ihnen, der Milfordsund, der unter 44° 32′ liegt, zeigt noch alle Fjordcharaktere in ausgezeichneter Weise entwickelt; nördlich von ihm wird aber nicht mehr die leiseste Andeutung eines Fjordes angetroffen: die Küste ändert dort sehr plötzlich ihren Charakter. Dass hier — unter 44° 30′ S. — die Fjorde plötzlich aufhören, ist um so auffallender, als das Hinterland nördlich von 44° 30′ S. noch höher und stärker vergletschert ist als das Hinterland südlich von 44° 30′ S.

Von 44° 30′ S. bis zur Südspitze der Südinsel finden sich durchwegs Fjorde. Diese Fjordküste ist 125 km lang. Von den dreizehn Fjorden derselben sind die kleineren meist einfach und unverzweigt, die grösseren aber kompliziert gestaltet. Einfach sind Milford-, Bligh-, George-, Caswell-, Nancy- und Daggs-Sund; am meisten verzweigt und am reichsten an Inseln Preservation-, Dark Cloud-, und Dusky-Sund. Preservation- und Dark Cloud-Sund; dann Dusky- und Breaksea-Sund; und endlich Doubtful- und Thompson-Sund erscheinen durch quere Meeresarme von der Breite und dem Charakter der Hauptfjorde zu zweien miteinander verbunden. Im allgemeinen nehmen die Grösse und Gliederung der Fjorde von Norden nach Süden zu, während die Höhe des Tafellandes, in das sie eingeschnitten sind, von Norden nach Süden abnimmt. Die Tiefe der Fjorde ist im Süden nicht bedeutender, eher geringer als im Norden.

In der folgenden Tabelle sind die wichtigsten Masse dieser Fjorde zusammengestellt.

Sund	Lage	Länge	Breite des Einganges	Oberfläche	Geringste Tiefe des vorliegenden Meeres	Tiefe des Einganges	Grösste Tiefe des Fjords in der Mitte
	Südl. Parlkr.	km	km	qkm	m	m	m
Milford . . .	44° 32'	16.6	2.6	22.9	60	140	360
Bligh	44° 46'	16.4	3.4	24.4	90	110	150
George . . .	44° 51'	19.0	2.1	35.7	80	80	210
Caswell . . .	44° 59'	16.9	1.8	23.5	70	60	230
Charles . . .	45° 3'	11.7	2.1	18.0	70	70	210
Nancy . . .	45° 7'	15.6	1.6	13.8	60	80	240
Thompson . .	45° 10'	42.4	0.8	61.0	160	140	260
Doubtful . .	45° 15'	40.3	4.2	88.9	150	120	230
Daggs . . .	45° 21'	13.0	2.9	13.5	80	50	170
Breaksea . .	45° 35'	31.2	3.9	82.6	60	180	220
Dusky . . .	45° 46'	39.0	3.9	206.9	100	160	260
Dark Cloud .	46° 4'	31.2	2.9	109.6	40	110	250
Preservation .	46° 8'	39.0	1.8	98.6	40	20	170

Aus diesen Angaben lassen sich folgende Durchschnittsmasse für die Fjorde berechnen:

Durchschnittliche Länge $25^1/_2$ km.
„ Maximaltiefe im Inneren 227 m.
„ Tiefe des Einganges 100 m und
„ Minimaltiefe des vorliegenden Meeres $81^1/_2$ m.

Diese Fjorde zeigen also das für die Glazialfjorde überhaupt charakteristische Tieferwerden nach innen, gegen die Mitte zu, sehr deutlich. Die den Fjordeingängen vorgelagerte Untiefe hat eine sehr bedeutende Ausdehnung. Die durchschnittliche Maximaltiefe der Fjorde (227 m) wird erst 30 km von der Küste im Ozean draussen wieder angetroffen; noch viel weiter liegen die grössten in den Fjorden überhaupt vorkommenden Tiefen. In mancher Hinsicht weisen die Bodenverhältnisse in diesem Fjordgebiete darauf hin, dass hier in neuerer Zeit eine nach Südwesten hin zunehmende, positive Strandverschiebung stattgefunden hat. Das Nichttieferwerden der Fjorde nach Süden hin spricht aber dagegen.

Der grossartigste von diesen Fjorden ist der nördlichste von ihnen, der Milford-Sund. Gewaltige, bei 70° steile und stellenweise bis zu 1800 m hohe Felswände fassen denselben ein. Die in seiner Umgebung aufragenden Berge haben sehr kühne Formen, namentlich scharf und steil ist der am Eingange in diesen Sund stehende Mitre-Pik.

Das Hinterland der Fjorde und die Gebirge, welche sich im Norden zwischen den Fjorden und dem Haast-Passe erheben, sind ausserordentlich wild und ungangbar. Schmale und tiefe, cañonartige Schluchten mit 1000 m und mehr hohen Wänden, in deren Grund gewaltige Felstrümmer liegen, sind in dasselbe eingeschnitten.

Die durch die Foveaux-Strasse von der Südinsel getrennte, derselben südlich vorgelagerte Stewart-Insel oder Rakiura nimmt einen Flächenraum von ungefähr 1700 qkm ein und erhebt sich im Anglem-Berge 976 m über das Meer. Der nordöstliche Teil der Insel besteht aus paläozoischem, der südwestliche aus altkrystallinischem Gestein. Die Küste ist ziemlich reich gegliedert, und es finden sich an ihr einige gute Häfen. Der grösste Teil der Insel ist bewaldet.

In der Umgebung der Stewart-Insel finden sich mehrere kleine Inselchen und Klippen, welche die Schiffahrt in jener Gegend erheblich erschweren.

3. Die ferner liegenden Inseln.

Es ist eingangs erwähnt worden, dass eine Anzahl ferner liegender Inseln zu Neuseeland gerechnet werden können. Es sind das die Chatham-, Bounty- und Antipoden-Inseln im Osten; die Campbell-, Auckland- und Snares-Inseln im Süden; die Norfolk-Inseln im Nordwesten; und die Kermadec-Inseln im Norden.

Die grössten Inseln der zwischen 43° und 45° S. und 176° und 177° W. liegenden, einen Flächenraum von 971 qkm einnehmenden Chatham-Gruppe sind Warekauri und Rangiauri. Die erstere ist 830 qkm gross, und ihr höchster Berg ragt 284 m über das Meer empor. Rangiauri hat eine Flächenausdehnung von 63 qkm und eine Maximalhöhe von 185 m. Der südliche Teil von Warekauri ist ein Basalthügelland; im Norden breitet sandiges Flachland sich aus. Ausgedehnte Torfmoore und niedrige Farnwälder bedecken die Inseln.

Die unter 47° S. und 170° O. liegende, 139 qkm grosse Bounty-Insel besteht aus niedrigen, nirgends eine Höhe von 100 m erreichenden Granitfelsen und erscheint sehr arm an Vegetation. Auf ihr finden sich sehr bedeutende Brutstätten von Seevögeln.

Die unter 50° S. und 179° O. gelegene, nur 53 qkm grosse Antipoden-Insel besteht aus Säulenbasalt, welcher eine bis 400 m hohe Tafel bildet und mit Steilwänden gegen den Strand abfällt. Es kommen ziemlich viele Pflanzen dort vor. Auch diese Insel wird von zahlreichen Seevögeln als Brutplatz benützt.

Die unter 52° S. und 169° O. liegende, 184 qkm grosse Campbell-Insel erhebt sich im Honey Hill zu 488 m. Sie besteht aus altmesozoischem Sedimentgestein und Säulenbasalt. Die Perseverance-Bucht dringt weit in die Insel ein. Die Vegetation ist ziemlich spärlich. Viele Teile der Insel sind sumpfig.

Die unter 50° S. und 166° O. liegende, einen Flächenraum von 852 qkm einnehmende Auckland-Gruppe besteht aus einer Anzahl von Inseln, von denen einige zu beträchtlichen Höhen ansteigen. Der höchste, 600 m über das Meer emporragende Gipfel liegt auf der Adams-Insel. Die Ostküste der Hauptinsel ist reichgegliedert und birgt mehrere treffliche Häfen, von denen Port Ross der grösste ist. Granit, tertiärer Sandstein und vulkanische Bildungen werden auf den Auckland-Inseln angetroffen. Die Vegetation ist ziemlich üppig; auf der Adams-Insel liegt die Waldgrenze 300 m über dem Meere.

Die unter 48° S. und 167° O. liegenden Snares sind kleine, granitische, steil ins Meer abfallende Inseln, welche mit Grasflächen und Gehölzen bedeckt sind. Es finden sich dort einige mächtige Guanolager.

Die unter 29° S. und 168° O. liegende, 44 qkm grosse Norfolk-Insel erhebt sich in ihrem höchsten Punkte dem Mount Pitt, 317 m über das Meer. Sie besteht grossenteils aus Korallenkalk und ist mit einer reichen Vegetation geschmückt.

Die zwischen 28° und 31° S., in 178° O. liegende, einen Flächenraum von 33 qkm einnehmende Kermadec-Gruppe endlich besteht aus einer Anzahl vulkanischer Inseln. Auf den beiden, Curtis genannten Inseln finden sich noch dampfende Krater. Auf der Sonntags-Insel erhebt sich ein Vulkanberg 525 m über das Meer. In diesem fand im Jahre 1872 ein Ausbruch statt. Die Sonntags-Insel ist bewaldet, die übrigen sind nur mit Gras und Gebüsch bedeckt.

IV. Das Klima.

Temperatur. Nahe dem Meeresniveau — an den Küsten und im Tieflande — begegnen wir auf den neuseeländischen Inseln den unten angeführten Temperaturen.

Gebiet	Jahresmittel °	Januarmittel °	Julimittel °
Norfolk-Insel	$+17$	$+22^{1}/_{2}$	$+15^{1}/_{2}$
Kermadec-Inseln	$+18$	$+22^{1}/_{2}$	$+15$
Nördlicher Teil der Nordinsel	$+16$	$+20^{1}/_{2}$	$+11^{1}/_{2}$
Mittlerer „ „ „	$+15$	$+19$	$+10^{1}/_{2}$
Südlicher „ „ „	$+14$	$+17^{1}/_{2}$	$+9^{1}/_{2}$
Chatam-Inseln	$+11$	$+17$	$+8$
Nördlicher Teil der Südinsel	$+12^{1}/_{2}$	$+17$	$+8$
Mittlerer „ „ „	$+11^{1}/_{2}$	$+16$	$+6^{1}/_{2}$
Südlicher „ „ „	$+10$	$+14$	$+5$
Stewart-Insel	$+9^{1}/_{2}$	$+13$	$+4^{1}/_{2}$
Bounty-Insel	$+9$	$+13$	$+4^{1}/_{2}$
Snares	$+8$	$+11^{1}/_{2}$	$+3^{1}/_{2}$
Antipoden-Insel	$+8^{1}/_{2}$	$+11^{1}/_{2}$	$+3^{1}/_{2}$
Auckland-Inseln	$+6^{1}/_{2}$	$+10^{1}/_{2}$	$+2^{1}/_{2}$
Campbell-Insel	$+5^{1}/_{2}$	$+9$	$+1^{1}/_{2}$

Wir sehen, dass die Differenzen zwischen den mittleren Sommer- und Wintertemperaturen ziemlich klein sind. Auf den entlegenen Inseln im Norden und im Süden, der Norfolk- und der Campbell-Insel, betragen diese Unterschiede nur 6, beziehungsweise $7^{1}/_{2}°$. Etwas grösser sind sie auf der Nord- und Südinsel von Neuseeland selbst, wo sie $8-9^{1}/_{2}°$ ausmachen. Die grösste Differenz ($9^{1}/_{2}°$) wird im mittleren Teile der Südinsel beobachtet.

Über die Temperaturen der tiefen Teile der Hauptinseln wäre noch zu bemerken, dass das Mittel der Maxima am höchsten in Napier (39° 29′ S.) und das Mittel der Minima am tiefsten in Invercargill (46° 17′ S.) ist. Das mittlere Napier-Maximum beträgt $+32.2°$, das mittlere Invercargill-Minimum $-7.6°$. Die Differenz zwischen dem mittleren Maximum und dem mittleren Minimum ist in Hokitika an der Nordwestküste der Südinsel am kleinsten, 25.5°; und in Invercargill an der Südküste der Südinsel am grössten, 35.4°.

Niedrigere Minima und grössere Schwankungen als im Tieflande werden auf den Höhen angetroffen. In der einzigen, in bedeutenderer Höhe liegenden meteorologischen Station, in Bealey am Arthurs-Pass haben wir — bei 43° 2′ S., in einer Seehöhe von 641 m — ein Durchschnittsminimum von $-10.9°$ und eine Differenz zwischen dem mittleren Minimum und dem mittleren Maximum von 36.5°.

Ich habe oben schon die Vermutung ausgesprochen, dass in den höheren Regionen der neuseeländischen Alpen die Temperaturabnahme mit zunehmender Höhe eine besonders rasche sei. Während meines fünfzehntägigen Aufenthaltes im neuseeländischen Hochgebirge habe ich am Hauptkamme für die zweite Hälfte März in einer durchschnittlichen Lage von 43° 40′ S. und einer durchschnittlichen Höhe von 1437 m eine mittlere Temperatur von $+4.4°$ beobachtet. Vergleichen wir diese Temperatur mit den Temperaturen derselben Jahreszeit in den nächsten meteorologischen Stationen Hokitika an der Nordwestküste, Christchurch an der Südostküste und Bealey, welch letztere, wie oben erwähnt, in einer Höhe von 641 m am Hauptkamme liegt, so bemerken wir — in dieser Jahreszeit — zwischen 0 m (Hokitika, Christchurch) und 641 m (Bealey) auf 100 m 0.41°, und zwischen 641 m (Bealey) und 1437 m (Tasman-Gletscher) auf 100 m 0.6° Temperaturabnahme. Vergleichen wir aber die Jahresmittel von Hokitika, Christchurch und Bealey, so ergiebt sich eine Temperaturabnahme von 0.51° auf 100 m für die unter 641 m Seehöhe liegende Region.

Im März (Herbst) ist also diese Abnahme um ungefähr 25% geringer, als durchschnittlich im ganzen Jahre. Es wird anzunehmen sein, dass in der höheren, zwischen 641 und 1437 m liegenden Region die herbstliche Temperaturabnahme um ebenso viel kleiner als die durchschnittliche sein wird. Wir hätten dann hier oben eine durchschnittliche Temperaturabnahme von 0.75° auf 100 m. Abgesehen von diesen Beobachtungen und Schlussfolgerungen haben wir die übereinstimmenden Aussagen verschiedener Besucher des neuseeländischen Hochgebirges, dass es dort, auf den Höhen, ganz unverhältnismässig kalt sei.

Der Luftdruck ist durchschnittlich gering. Er beträgt reduziert meist weniger als 760 mm. Bei gutem Wetter werden täglich wechselnde Land- und Seewinde beobachtet. Andere Winde wehen dann, wenn eine Störung des atmosphärischen Gleichgewichtes über Neuseeland hinweg oder nahe bei Neuseeland vorüberzieht. Die Zentren solcher Störungen wandern fast immer von Westen nach Osten. Negative Störungen, „Depressionszentren", wandern rasch und erzeugen heftige Winde. Positive Störungen, „Pressionszentren", wandern langsam und erzeugen schwache Winde.

Wenn — und das ist der häufigste Fall — das Depressionszentrum im Süden vorüberzieht, so tritt zuerst Nordwestnordwind auf, der an der Westküste heftige Regengüsse erzeugt. Der Wind dreht sich allmählich nach Südwest, worauf das Wetter an der Westküste sich aufheitert. Im Osten der Alpenkette erscheint umgekehrt der südliche Wind stürmisch und regenbringend. Wenn das Depressionszentrum im Norden vorüberzieht, so treten zuerst regenbringende Nordostwinde und später kalte Südostwinde auf. Die letzteren treten an der Ostküste im Winter als heftige, Regen und Schnee bringende Stürme auf. Passiert ein solches Zentrum die Inseln selbst, so werden die bekannten Cyclonerscheinungen beobachtet. Besonders heftig sind aber diese Wirbelstürme nicht. Sanftere Winde von längerer Dauer werden durch die viel langsamer fortschreitenden Zentren hohen Luftdruckes erzeugt.

Wegen ihrer Häufigkeit und weil sie den allergrössten Teil der in Neuseeland — namentlich in der Südinsel — fallenden Niederschläge bringen, sowie auch wegen ihrer Föhnnatur, verdienen die Nordwestwinde unsere besondere Aufmerksamkeit. Ziemlich kühl und mit Wasserdunst fast ganz gesättigt kommen sie an die Westküste heran. Sich ausdehnend und dabei abkühlend, wehen sie an der Nordwestabdachung des Gebirges empor. Infolge dieser Temperaturabnahme lassen sie auf ihrem Wege vom Strande zum Alpenkamme einen beträchtlichen Teil des gelöst in Dunstform mitgeführten Wassers fallen. Dieses bildet Nebel, Wolken, Regen und Schnee, tränkt den Waldboden der Westküste und speist die Schneefelder, welche sich an den Hauptkamm lehnen. Bei der Kondensation wird viel Wärme frei, so dass der Wärmeverlust infolge der Ausdehnung beim Emporsteigen teilweise ausgeglichen wird: die Luft erreicht den Hauptkamm viel wärmer, als sie ihn — ohne diese ihr mitgeteilte Kondensationswärme — erreichen würde. Jenseits des Kammes über die Südostabdachung herabwehend, wird die Luft nun wieder zusammengedrückt und genau ebenso stark erwärmt, als sie früher, durch die Ausdehnung bei dem gleich hohen Emporsteigen, abgekühlt worden war. Am Südostfusse des Gebirges hat aber diese Luft nicht dieselbe Temperatur, die sie am Nordwestfusse besessen, weil, wie erwähnt, auf ihrem Wege über den Kamm die durch die Wasserdunstkondensation frei gewordene Wärme hinzugekommen ist: beträchtlich wärmer, als sie die Nordwestküste erreicht hatte, kommt sie auf die südöstliche Ebene herab. Diese Luft ist aber nicht nur wärmer, sondern auch viel trockener geworden, weil sie im Gebirge einen beträchtlichen Teil des von ihr mitgeführten Wasserdunstes fallen gelassen und durch die Erwärmung eine grössere Feuchtigkeitskapazität erlangt hat. Als ein heisser und trockener Wind weht sie in südöstlicher Richtung über die grosse Canterbury-Ebene hinaus zum Meere.

Niederschlag. Die südlich vom 45. südlichen Parallelkreise gelegenen kleinen Inseln sind sehr niederschlagsreich, und das Wetter ist auf denselben im allgemeinen sehr schlecht. Eines viel freundlicheren Klimas erfreuen sich die nördlichen Inseln Norfolk und Kermadec.

Auf den beiden Hauptinseln ist die Verteilung des Niederschlages eine sehr unregelmässige. In der folgenden Tabelle sind die mittleren, jährlichen Niederschlagsmengen der meteorologischen Tieflandstationen angegeben:

Mongonui (Nordwestende der Nordinsel) . . . . 1433 mm
Auckland (Nordwestende der Nordinsel) . . . . 1075 „
Napier (Ostküste der Nordinsel) . . . . 947 „
Taranaki (Westküste der Nordinsel) . . . . 1493 „
Wanganui (Südküste der Nordinsel) . . . . 947 „
Wellington (Südspitze der Nordinsel) . . . . 1290 „
Nelson (Nordküste der Südinsel) . . . . 1513 „
Christchurch (Ostküste der Südinsel) . . . . 638 „
Hokitika (Westküste der Südinsel) . . . . 3040 „
Dunedin (Ostküste der Südinsel) . . . . 922 „
Queenstown (Inland im südlichen Teile der Südinsel) . . 805 „
Invercargill (Südküste der Südinsel) . . . . 1148 „

Aus diesen Angaben ist zu entnehmen, dass im Tieflande die Niederschlagsmenge 638—3040 mm beträgt, dass die Westküste im allgemeinen niederschlagsreicher als die Ostküste ist und dass dieser

Unterschied weitaus am deutlichsten in der Mitte der Südinsel (Hokitika, Christchurch), dort, wo das Gebirge am höchsten ist, hervortritt. Es ist diesbezüglich interessant, dass im Jahre 1878 gleichzeitig die grösste, in Neuseeland überhaupt beobachtete, jährliche Niederschlagsmenge in Hokitika (3923 mm) und die geringste überhaupt beobachtete in Christchurch (344 mm) registriert wurden.

Von der Nordwestküste (Hokitika) der Südinsel nimmt die Niederschlagsmenge allmählich gegen die Kammlinie des Gebirges hinauf etwas zu, um von da gegen Südosten sehr rasch wieder abzunehmen. In der Mitte der Südinsel, wo der Unterschied der Niederschlagsmenge im Nordwesten und im Südosten des Gebirges ein so grosser ist, treten auch seine Folgeerscheinungen sehr deutlich in die Erscheinung: viel tiefer als im Südosten reichen im Nordwesten die ewigen Schneefelder und die Eiszungen der Gletscher hinab; und die üppige Waldvegetation des Nordwestens erscheint als das gerade Gegenteil der eintönigen und dürftigen Steppenvegetation des Südostens. Dieser grosse Unterschied der Niederschlagsmenge im Südosten und im Nordwesten der neuseeländischen Alpen beruht auf der Häufigkeit jener nordwestlichen Föhnwinde, die oben beschrieben worden sind.

Im Hochgebirge der Südinsel fällt in Höhen von ungefähr 2000 m und darüber aller Niederschlag in Form von Schnee herab. In der Nordinsel regnet es im Sommer auch auf den höchsten Gipfeln zuweilen. Im Tieflande der Nordinsel und des nördlichen Teiles der Südinsel fällt überhaupt kein Schnee. Im mittleren Teile der Südinsel kommen im Tieflande winterliche Schneefälle zwar vor, es bleibt dieser Schnee jedoch niemals lange liegen. Nach den Süden hin mehren sich die winterlichen Schneefälle. In der Mitte der Südinsel ist im Winter das Gebirge gewöhnlich bis zu 800 m herab ganz verschneit.

In Bezug auf die Lage der Schneegrenze in den neuseeländischen Alpen ist oben bemerkt worden, dass dieselbe am Gletscher am Südostabhange in einer Höhe von 1800 m angetroffen worden sei. An den steileren, vortretenden, nicht von Eismassen bedeckten Stellen, befindet sie sich hier (im Südosten) in einer Höhe von etwa 2000 m. Im Nordwesten dürfte die Schneegrenze nur 1600—1800 m über dem Meere liegen. Nach anderen Angaben wäre die Schneegrenze am Südostabhange bei 2400 m, am Nordwestabhange bei 2100 m anzunehmen.

Die Gesundheitsverhältnisse sind in Neuseeland sehr günstige, namentlich kann die Südinsel als einer der gesündesten Erdräume angesehen werden. Die Sterbeziffern betrugen für ganz Neuseeland:

im Jahre 1885 . . . . 1076 auf 100 000
"   "   1886 . . . . 1054 "   "
"   "   1887 . . . . 1029 "   "
"   "   1888 . . . 943   "   "
"   "   1889 . . . 944   "   "
"   "   1890 . . . 966   "   "
"   "   1891 . . . 1035   "   "
"   "   1892 . . . 1006   "   "
"   "   1893 . . . 1023   "   "
"   "   1894 . . . 1019   "   "

durchschnittlich also ungefähr 1% der Bevölkerung im Jahre.

Die ausserordentliche Kleinheit dieser Zahl — nach ihr wäre Neuseeland das gesündeste Land der Erde und betrüge das durchschnittliche Alter der Bewohner 100 Jahre! — beruht auf der bedeutenden Einwanderung junger Leute. Es ist diese Zahl daher nicht mit den Sterbeprozentzahlen anderer Länder, wo keine solche Einwanderung stattfindet, vergleichbar.

Der Süden ist, wie oben angedeutet, gesünder als der Norden. Im Jahre 1894 betrug die Sterbeziffer für Auckland 1541, für Christchurch nur 1182 auf 100 000.

Aus den Alterszahlen der Gestorbenen ergeben sich folgende Durchschnitte:

1890 für Männer 33.8, für Frauen 28.6 Jahre
1891 "   "   33.1, "   "   29.3   "
1892 "   "   33.0, "   "   29.0   "
1893 "   "   31.9, "   "   27.8   "
1894 "   "   36.6, "   "   31.6   "

Im Durchschnitt werden also die Männer in Neuseeland 33.68, die Frauen 29.4 Jahre alt.

Die Statistik der Todesursachen ergiebt für 1894 folgendes:

Verschiedene miasmatische Krankheiten 659
Tuberkulose 723
Diarrhöe 207
Malaria   4
Folgen der Impfung   1
Syphilitische Krankheiten   28
Septische Krankheiten   60
Parasitische Krankheiten 22
Diätetische Krankheiten   43

Krebs	408
Verschiedene chronische Krankheiten	188
Entwicklungsfehler	288
Altersschwäche	258
Nervenkrankheiten	675
Verschiedene Herz- und Gefässkrankheiten	243
Klappenfehler	318
Krankheiten der Atmungsorgane (ausschliesslich Tuberkulose)	858
Krankheiten der Verdauungsorgane	603
Krankheiten der Lymphorgane	16
Krankheiten der Harnorgane	210
Krankheiten der Genitalorgane	107
Krankheiten der Fortbewegungsorgane	23
Krankheiten des Integuments	18
Unfälle und Gewaltthätigkeiten	697
Unbestimmt	261
Zusammen	6918

Von den sogenannten „epidemischen" Krankheiten fordern Diphtheritis, Keuchhusten und typhöses Fieber die meisten Opfer. Im Jahre 1893 hat eine Masernepidemie 525 Personen hingerafft. Im Jahre 1894 sind 233 an Influenza gestorben.

V. Pflanzenwelt und Tierleben.

Die Flora von Neuseeland ist einerseits mit der australischen und andrerseits mit der südamerikanischen verwandt. In der Nordinsel wird eine subtropische Vegetation angetroffen. Die Nordwestabdachung der Südinsel ist mit einem dichten immergrünen Walde bedeckt. Der Südostabhang und die grosse Canterbury-Ebene haben Steppenvegetation. Im Hochgebirge, im Niveau der Gletscherzungen macht die letztere dichtem Dorngesträuche Platz. In bedeutenderer Höhe herrscht niedriger Wacholder vor, allein auch da finden wir in den Mulden stellenweise noch Steppengras.

Im ganzen sind von Neuseeland über 2000 Pflanzenarten beschrieben worden. Zwei Fünftel davon sind Phanerogamen und drei Fünftel Kryptogamen.

Der Wald ist zumeist aus zahlreichen verschiedenen Bäumen zusammengesetzt, ein Mischwald. Nur stellenweise finden sich Bestände, in denen die eine oder andere Art so vorherrscht, dass der Wald einen homogenen Charakter annimmt. Solche einförmige Wälder sind die Damara australis- (Kauri-) Wälder in den trockenen Teilen der Nordinsel, die Podocarpus dacrydioides- (Kahikatea-) Wälder sumpfiger Flussufer und die Fagus fusca- (Tawai- oder Black birch-) Wälder der Südinsel. In den Mischwäldern, wie sie namentlich auf der

Nordwestabdachung der Südinsel vorkommen, finden sich zahlreiche Farnbäume, *Dicksonia, Cyathea* und andere. Koniferen, Podocarpus-Arten fehlen fast nirgends. Am häufigsten sind der Totara *(Podocarpus totara)* und der Matai *(P. spicata)*. Dann haben wir den durch seine hängenden Blätter und Zweige ausgezeichneten Rimu *(Dacrydium cupressinum)*, den Tanekaha *(Phyllocladus trichomanoides)*, die pappelähnliche Rewazura *(Knigthia excelsa)*, den Hinan *(Elaeocarpus hinan)*, den Kowai *(Edwardsia microphylla)*, der mit seinen gelben Blüten etwas Farbe in den ziemlich eintönig grünen Wald bringt, und andere Bäume mehr. Seltener ist der Rata *(Metrosideros robusta)*, ein Baum, dessen Stamm 3 m dick wird und der rote Blüten trägt. Auch eine Palme, die *Areca sapida*, kommt in den neuseeländischen Mischwäldern vor.

Trotzdem nur wenige tropische Bäume wie die obenerwähnten Farnbäume und die Arecapalme an der Zusammensetzung der neuseeländischen Mischwälder teilnehmen, haben sie insofern doch einen tropischen Charakter, als sie ausserordentlich reich an Gewächsen sind, welche auf den Stämmen anderer Pflanzen sich anheften oder ansiedeln, um so des Lichtes der Baumkronenregion teilhaftig zu werden, ohne selber starke, hohe Stämme bilden zu müssen. Einige von diesen Gewächsen, wie die meisten Schlingpflanzen, benutzten die Bäume, auf denen sie leben, nur als Stütze, andere schmarotzen auf ihnen. Die kleinen Farne, Pandaneen *(Freycinetia Banksii)* und Orchideen, welche allenthalben die Baumstämme überwuchern; dann die Ripogonum, Rubus, Metrosideros, Clematis, Passiflora und Sicyos-Arten, welche sich von Ast zu Ast schlingen, verleihen dem neuseeländischen Mischwalde einen hohen Grad von Undurchdringlichkeit. Die schlimmsten von den Schlinggewächsen sind das *Ripogonum parviflorum*, der sogenannte Supple Jack, mit seinen fingerdicken, zähen und biegsamen, dem Buschmesser ausweichenden Stämmen; und der mit widerhakenartig zurückgebogenen Dornen bewehrte *Rubus australis*, der sogenannte Bush lawyer.

„Im Inneren dieser Wälder," sagt Hochstetter, „ist es düster und tot; weder bunte Blüten noch bunte Schmetterlinge, noch Vögel erfreuen das Auge oder geben Abwechselung; alles Tierleben scheint erstorben, und so sehr man sich auch nach dem Walde gesehnt, so begrüsst man doch mit wahrem Wonnegefühl nach tagelanger Wanderung durch diese düsteren, öden Wälder wieder das Tageslicht der offenen Landschaft."

Die trockneren Teile Neuseelands, vornehmlich die Canterbury-

Ebene und die südöstlichen Alpenthäler, dann auch der grösste Teil des östlichen Hügellandes sind mit einer teils aus Gräsern, teils aus Farnen *(Pteris esculenta)* zusammengesetzten, niedrigen Vegetation bedeckt. Auf den Hügeln der Banks-Halbinsel, in der Ebene und der östlichen Vorstufe des Hochgebirges der Südinsel herrschen Steppengräser, auf anderen, weiter ab vom Gebirge an der Südostabdachung der Südinsel sich erhebenden Hügeln sowie in den waldlosen Teilen der Nordinsel die genannten Farne vor. In der Nordinsel erreichen diese Farne Manneshöhe; in der Südinsel werden sie kaum meterhoch. Wir bemerken, dass hier im Süden die Farne in den Schluchten bedeutend höher werden als auf den Rücken.

Ganz eigenartig ist das subalpine Dorngestrüpp, das eine schmale Zone im Niveau der Gletscherenden an der Südostabdachung der neuseeländischen Alpen bildet. Dichte Massen von 2—4 m hohen, allenthalben von Stacheln starrenden Discariastauden überwuchern die alten Moränen und die Abhänge, welche in Höhen von 700 bis 1000 m die Thäler einfassen. Zwischen den teils frischen, teils vermoderten, armdicken, kriechenden Discaria-Stämmen wachsen überall, wo ein bisschen Raum bleibt, die nicht minder stacheligen Schwertgräser *(Aciphylla)*, halbkugelige, $1/_2$ m im Durchmesser haltende Rosetten bildend, aus deren Mitte ein mannshoher Blütenschaft emporsteigt. Jedes Blatt der Rosette läuft in eine Igelstachel-ähnliche Spitze aus, und der Blütenschaft starrt von fingerlangen Dornen. Der Leser kann sich vorstellen, wie schwer es ist, dieses Dickicht zu durchwandern, besonders wenn man, wie wir z. B., als wir uns im oberen Tasmanthale durch dasselbe Bahn brachen, mit grossen und schweren Bündeln, Instrumenten u. s. w. belastet ist.

Da es in der zweiten Hälfte des vorigen Jahrhunderts, als Kapitän Cook Neuseeland besuchte, gar keine grösseren, pflanzenfressenden Tiere dort gab, so erscheint es beim ersten Blick befremdend, dass diese neuseeländischen Pflanzen eine solche Stachelwehr, die doch nur zum Schutze gegen grössere, herbivore Tiere dienen konnte, angelegt haben.

Wenn man aber genauer zusieht, so findet diese Stachligkeit eine sehr gute und befriedigende Erklärung in dem einstigen Vorhandensein der jetzt ausgestorbenen neuseeländischen Riesenvögel oder Moa. Diese flügellosen Vögel waren zum Teil sehr gross, einige Arten erreichten 4 m Höhe, und mehrere von ihnen, darunter auch die grössten, scheinen, nach der Schnabelbildung zu urteilen, Pflanzenfresser gewesen zu sein. Ich stehe nicht an, anzunehmen, dass jene in der Region der Gletscherenden wachsenden Stachelpflanzen ihre Wehr gegen diese herbivoren Moavögel angelegt haben. Dass dann, nach Aussterben der Moa, nach Beseitigung der stachelbildenden Ursache also, diese Pflanzen ihre Dornen nicht wieder abgelegt haben, würde erstaunlich erscheinen, wenn wir nicht wüssten, dass in vielen anderen Fällen auch, unter bestimmten Umständen angezüchtete Organe, später, wenn die Umstände sich ändern, gar nicht oder nur sehr langsam im Laufe sehr vieler aufeinander folgender Generationen rückgebildet werden. Dass jetzt diese Stachelpflanzen auf die Region der Gletscherenden beschränkt sind, erklärt sich damit, dass sie während der Glazialzeit das ganze Tiefland bedeckten und dass sie sich dann beim Eintritte eines wärmeren Klimas, vor den an wärmere Gegenden besser angepassten, nördlichen Einwanderern mit den Gletschern zugleich, in jene Region zurückgezogen haben, deren gegenwärtige klimatische Verhältnisse jenen des Tieflandes während der Eiszeit entsprechen.

Die echte Alpenflora, welche oberhalb der Region der Stachelpflanzen angetroffen wird, ist durch das Vorherrschen von Wacholder und von Blumen mit weissen Blüten gekennzeichnet. Zu den interessantesten neuseeländischen Alpenpflanzen gehören die *Haastia*-Arten, „vegetable sheep" (Pflanzenschaf) genannt, der *Ranunculus Lyelli*, Mount Cook lily genannt, und das Edelweiss, *Gnaphalium anceps*. Die Haastien sind kleine, von einem Zentrum aus viele Jahre hindurch wachsende Pflanzen, welche Knollen bilden, die im Laufe der Zeit einen Durchmesser von nahezu 1 m erreichen. Sie sind unseren europäischen, Polster bildenden, hochalpinen Saxifragen vergleichbar. *Ranunculus Lyelli* hat breite, trichterförmige Blätter und schöne, grosse, weisse Blüten. Das *Gnaphalium anceps* ist unserem europäischen Edelweiss sehr ähnlich.

Eigentliche einheimische bodenbewohnende Landsäugetiere sind in Neuseeland nicht mit Sicherheit nachgewiesen worden. Ein wilder Hund und eine wilde Ratte kommen vor, die wahrscheinlich beide von den Maoris nach Neuseeland gebracht worden sind. Ausser diesen giebt es dort zwei Fledermausarten, *Scotophilus tuberculatus* und *Mystacina tuberculata*. Endlich soll noch ein braunes, otterähnliches Tier von Kaninchengrösse, das die Maoris Waitoreki nannten, in den Gewässern der Südinsel vorkommen. Es ist aber bisher nicht gelungen, ein Exemplar dieses interessanten Tieres zu erbeuten. An den Küsten finden sich verschiedene Robben, Seelöwen und dergleichen marine Wassertiere, welche aber infolge der eifrigen Nachstellungen rasch an Zahl abnehmen. Die meisten von diesen werden an den neuseeländischen Küsten wohl bald ganz ausgerottet sein. Besonders bemerkenswert ist es, dass die für Australien so charakteristischen Beuteltiere und Monotremen in Neuseeland vollkommen zu fehlen scheinen; ich sage „scheinen", weil ja vielleicht jenes Waitoreki ein solches Tier ist.

Schon von Kapitän Cook wurden — im vorigen Jahrhundert — Schweine nach Neuseeland gebracht. Seither sind Pferde und Esel, Rinder, Schafe, Hirsche und Ziegen, Hasen und Kaninchen, Ratten und Mäuse, Hunde und Katzen in Neuseeland eingeführt worden. Von diesen Tieren sind in Neuseeland Schweine, Rinder, Ziegen und Kaninchen verwildert. Zusammen mit den jetzt eingeführten Hirschen und Hasen und den schon früher (von den Maoris) gebrachten Ratten und Hunden, sowie den einheimischen Fledermäusen und Meersäugetieren bilden sie die gegenwärtige Säugetierfauna Neuseelands.

Die verwilderten Schweine sind licht olivenbraune, schmale und hochbeinige Tiere, welche eine beträchtliche Grösse erreichen. Sie sehen ganz anders aus wie unsere echten, europäischen Wildschweine. Man jagt sie mit der Flinte und auch zu Pferde mit der Lanze. Nur die jungen sind essbar, die alten, die man scherzweise „Capitain Cooks" nennt, zäh wie Leder und selbst für eine Kugel kaum durchdringbar. Die Einfuhr und die Vermehrung der Schweine im domestizierten und verwilderten Zustande ermöglichten es den Maoris, ihre Begierde nach Fleischnahrung zu befriedigen, ohne einander aufzufressen: es nahm bei ihnen thatsächlich der Kannibalismus in eben dem Maasse ab, in welchem die Schweine sich vermehrten und verbreiteten.

Die verwilderten Rinder bilden Herden, welche sich auf den grasigen Hügeln im Südosten der Alpenkette aufhalten. Die Stiere sind sehr stark und kampflustig. Sie sollen ohne weiteres jeden Menschen annehmen, der in ihr Bereich kommt. Ich selbst habe in Neuseeland verwilderte Rinder nur aus grosser Ferne gesehen.

Die in der Nordinsel vor kurzem eingeführten Hirsche vermehren sich sehr rasch. Man hat aber noch kaum angefangen, ernstlich Jagd auf dieselben zu machen.

An den steilen Felsabstürzen der Kraterinnenwände der Vulkanberge auf der Banks-Halbinsel kommen verwilderte Ziegen vor, welche ausserordentlich scheu und vorsichtig und dabei vortreffliche Kletterer sind.

Die Hasen finden sich sowohl in der ganzen Ebene wie auf den mit Farnen bewachsenen Hügeln. Da es keine Raubtiere giebt, die ihnen nachstellen würden, und da sie auch von dem Menschen nur selten behelligt werden, sind sie sehr gemächlich geworden. Sie laufen lange nicht so schnell vor dem Jäger fort wie die Hasen bei uns in Europa, so dass es wahrhaftig keine Kunst ist, sie zu erlegen. Ich selbst habe an einem Tage 18 geschossen und keinen gefehlt, ohne ein besonders guter Schütze zu sein. Man jagt die Hasen, indem eine Schützenkette das Gelände durchstreift. In der Ebene werden sie auch mit Hunden und zu Pferde gejagt; bei der Fettleibigkeit und Trägheit dieser Hasen dürfte das aber kein besonders anregender Sport sein. Ich selbst habe ihn nicht betrieben.

Die Kaninchen haben sich in dem gleichmässigen Klima Neuseelands, unbehelligt durch räuberische Feinde, ganz ausserordentlich vermehrt und, namentlich im Südosten, über weite Strecken ausgebreitet. Dadurch, dass sie das junge Gras wegfressen, sowie es dem Boden entspriesst, bevor es noch lang genug geworden ist, um von den Schafen und Rindern aufgenommen werden zu können, sind sie den Züchtern verderblich geworden. Eine Anzahl Schafstationen musste wegen dieser Kaninchenplage ganz aufgelassen werden, und der Ertrag vieler anderer ist durch dieselbe sehr bedeutend herabgesetzt worden. Die Mittel, die man zur Vernichtung der Kaninchen in Anwendung gebracht hat, sind bisher nicht von dem gewünschten Erfolge begleitet gewesen, und so lange es nicht gelingt, der Kaninchenplage Herr zu werden, wird die Schaf- und Rinderzucht in manchen Teilen Neuseelands unmöglich sein.

Viel reicher und interessanter als die Säuger- ist die Vogelfauna Neuseelands. Auf die jetzt ausgestorbenen flügellosen Riesenvögel, die Moa, ist schon oben hingewiesen worden. Von diesen Vögeln sind nicht nur sehr zahlreiche Skelette und einzelne Knochen, sondern auch Eischalen und sogar Hautteile gefunden worden.

Die kleinsten Moa- (Dinornis) Arten sind von der Grösse eines Storches, die grössten erreichen eine Höhe von 4 m. Alle entbehren der Flügel vollständig, haben ein flaches Brustbein ohne Crista und markerfüllte Knochen. Ihre Hälse und Beine waren wie bei allen Straussarten, den sogenannten Laufvögeln, sehr lang.

Die Knochen der Beine sind sehr gross, und zweifellos entsprach die Stärke der Muskeln der Stärke der Knochen. Die meisten von den Moa-Arten, darunter namentlich die grossen, waren — das erkennt man an der Schnabelbildung — Pflanzenfresser. Einige von den kleineren dagegen waren Raubvögel.

Man hat Moa-Reste in grosser Zahl sowohl auf der Nord- wie auf der Südinsel gefunden. Haufen von Knochen und Eischalen dieser Vögel wurden an Stellen gefunden, wo die Maoris in früherer Zeit Feste gefeiert und Mahlzeiten abgehalten haben. Auch in Höhlen sind zahlreiche Skelette gefunden worden und zwar die Reste von verschiedenen Arten in verschiedenen Höhenlagen.

Es dürfte anzunehmen sein, dass die Arten, von denen wir Reste kennen, nicht alle gleichzeitig und neben, sondern zu verschiedenen Zeiten und nacheinander gelebt haben. Die wichtigste Moafundstätte ist der Sumpf von Glenmark in der Südinsel. Hutten unterscheidet 26 Moa-Arten, welche sich auf 7 Gattungen verteilen.

Die Überlieferungen, die wir von den Maoris haben, zeigen aufs deutlichste, nicht nur, dass sie die Moas auf Neuseeland vernichtet haben, sondern auch, dass für sie selbst jene Riesenvögel die grösste Bedeutung hatten. Vor der Landung der Maoris in Neuseeland, vor einem halben Jahrtausend etwa, waren jene riesigen Moavögel die eigentlichen Herren des Landes. Es gab keine anderen Tiere, die sich an Kraft und Grösse irgendwie mit ihnen hätten messen können. Sorglos nährten sie sich von den Wurzelstöcken der essbaren Farne und anderen Pflanzenteilen, und wir können uns wohl vorstellen, was für ein Schlaraffenleben sie bei der reichen Vegetation in dem gleichmässigen und angenehmen neuseeländischen Klima, unbehelligt durch irgend einen Feind, geführt haben mögen. Mit jener Landung der Maoris war aber die gute alte Zeit für die Moas vorbei. Den neuen menschlichen Ankömmlingen boten sie reichliche und leicht zu erlangende Nahrung, denn sehr bald lernten die Maoris den Moa fangen. Man trieb die Vögel, die nicht schwimmen konnten, gegen Flüsse und Seeufer und tötete sie mit Keulen und Lanzen. Man vernichtete sie massenweise durch Brandlegung in den Steppengeländen und stahl ihre Eier. Während die Zahl der Moavögel dieser heftigen Verfolgung durch die Maoris wegen immer mehr abnahm, vermehrten sich die Maoris selbst immer mehr. Je kleiner die Zahl der Moas, und je grösser die Zahl der Maoris wurde, um so eifriger stellten die letzteren den ersteren nach. In geometrischem Verhältnisse nahm die Heftigkeit der Verfolgung zu und in verhältnismässig kurzer Zeit waren die Moas ganz ausgerottet

Jetzt fand sich in Neuseeland eine nach Hunderttausenden zählende, an Fleischnahrung gewöhnte Bevölkerung — ohne grössere, essbare Jagd- oder Haustiere. Die Not zwang nun dieses Volk zum Kannibalismus, dem es im ausgedehntesten Maasse huldigte, bis ihm — in der oben angedeuteten Weise durch die Einführung des Schweines — ein Mittel geboten wurde, sich die nötige Fleischnahrung auf natürlicherem Wege zu verschaffen.

Wenn nun aber auch die grossen, flügellosen Vögel in Neuseeland vernichtet worden sind, so haben sich doch einige kleinere, flugunfähige Arten bis heute in Neuseeland erhalten. Die interessantesten von diesen sind die Kiwi *(Apteryx)*, von welcher Gattung fünf Arten in Neuseeland vorkommen: A. *Mantelli* auf der Nordinsel; A. *australis*, A. *Oweni* und A. *Haastii* auf der Südinsel und A. *maximus* auf der Stewartinsel. Alle diese Arten sind einander sehr ähnlich. Sie unterscheiden sich hauptsächlich durch Grösse und Farbe voneinander. Die grösste Art ist etwas stärker, die kleinste etwas schwächer als ein gewöhnliches Haushuhn.

Die Kiwis haben nicht sehr lange, aber sehr kräftige Beine, einen mässig langen Hals und einen sehr langen, etwas gebogenen schnepfenähnlichen Schnabel. Die Flügel sind stark rückgebildet. Das Federkleid ist locker und besteht aus haarartigen, herabhängenden Federn. Die Kiwi sind nächtliche Tiere.

Während bei diesen, den ausgestorbenen Moavögeln verwandten Kiwis von eigentlichen Flügeln nicht mehr die Rede sein kann, die Knochen der oberen Extremität ganz zart und klein sind, und der Schultergürtel sehr schwach ist, finden wir bei einigen anderen, zu den Rallen gehörigen, neuseeländischen Vögeln die thatsächlich ebenso wenig fliegen wie die Kiwis, die Flügel besser entwickelt und teilweise noch brauchbar. Stärker rückgebildet sind die Flugwerkzeuge bei Notornis, schwächer rückgebildet bei Ocydromus. Eine Art der letztgenannten Gattung, *Ocydromus australis*, ist in den Alpenthälern und in anderen Teilen Neuseelands recht häufig. Dieser Vogel hat eine besondere Vorliebe für glänzende Gegenstände und stiehlt solche mit ausserordentlicher Dreistigkeit. Als ich einmal im Tasman-Thale vor dem Zelte schlief, versuchte so eine Weka — das ist der Mooriname des *Ocydromus australis* — mir die Schneebrillen, die ich am Hute trug, vom Kopfe zu stehlen.

Unsere Hunde fingen viele Wekas im dichten Grase. Fliegen habe ich sie nie gesehen.

Abgesehen von diesen verschiedene Grade der Flügelrückbildung aufweisenden Erdvögeln werden noch über 120 Arten von anderen — fliegenden — Vögeln in Neuseeland angetroffen, von denen ungefähr die Hälfte dieser Inselgruppe eigentümlich ist, An den Küsten kommen Pinguine, Albatrosse, Möwen u. s. w., im Inneren des Landes Enten, verschiedene Sumpfvögel, Singvögel, Tauben und Papageien vor. Diesen gesellen sich eine Anzahl von

Der Kiwi.

Vogelarten, welche von den Europäern nach Neuseeland gebracht worden sind, Sperlinge, Stieglitze, Lerchen und andere Singvögel, dann Fasanen hinzu. Zu bemerken ist, dass die Möwen sehr häufig auch in das Innere des Landes kommen. Bei manchen binnenländischen Schlachthäusern sind sie ständige Gäste, und mir haben sie wiederholt den am Eise des Tasman-Gletschers — dieser Eisstrom liegt nahe der Mitte der Südinsel — aufbewahrten Fleischproviant weggefressen.

Der interessanteste von diesen Vögeln ist der Keo oder Kea, *Nestor notabilis*, ein grosser Papagei mit gewaltigem Schnabel, welcher die Alpenregion bewohnt. In Gegenden, wo Menschen nur selten hinkommen, ist er so neugierig und dummdreist, dass man ihn leicht mit einem Stocke oder mit der Axt erschlagen kann. Ich selbst habe in dieser Weise über ein Dutzend erlegt, nachdem ich eingesehen hatte, dass es unnötig sei, die kostbare Gewehrmuniton an ihnen zu verschwenden. Früher werden sie sich wohl hauptsächlich von Wacholderbeeren und anderen Vegetabilien ernährt haben. In neuerer Zeit haben sie sich aber an Fleischnahrung gewöhnt. Sie begannen, verendete Schafe sowie Schlachthausabfälle zu fressen, und es dauerte nicht lange, so überfielen sie auch lebende Schafe. Fest an der Wolle des Rückens sich haltend, arbeiten sie sich mit ihrem mächtigen Schnabel im Fleische des Schafes ein Loch aus und verzehren die Weichteile in der Gegend der Nieren. Solcherart werden viele Schafe getötet, und die Regierung hat sich infolgedessen genötigt gesehen, ein hohes Schussgeld auf den Keo auszusetzen. Durch die heftige Verfolgung mögen diesem Papagei wohl die Raubzüge im Tieflande verleidet werden: in seiner Heimat, der Alpenregion, ist er aber noch häufig genug zu finden. Den Namen Keo hat er sich selbst gegeben; dieser ist eine Nachbildung des Rufes, den er fortwährend erschallen lässt

Die eingeführten und verwilderten Vögel scheinen sich in Neuseeland im allgemeinen sehr wohl zu befinden und, wie die Hasen, viel fauler zu sein wie in Europa: die Lerchen steigen dort nicht halb so hoch in die Luft wie bei uns. Die Fasanen sind eine Mischrasse unseres Jagdfasanes, *Phasianus colchicus*, mit dem Halsbandfasan, *Phasianus torquatus*.

Eidechsen und die berühmte, gewissen triassischen Reptilien ähnliche Hatteria finden sich anf Neuseeland. Schildkröten und Schlangen fehlen ganz. Von Fröschen ist nur eine einzige Art bekannt, welche einer peruanischen Spezies nahe steht. Die Küsten sind reich an marinen Fischen, die Süsswasserfische aber nicht zahlreich. Neuerlich hat man in einigen neuseeländischen Gewässern mit gutem Erfolge unsere Forelle eingebürgert. Die Zahl der Insektenarten ist eine geringe. Schmetterlingsarten giebt es nur elf. Ein neuseeländisches Insekt, die *Deinacridia heteracantha*, erreicht eine Länge von 35 cm.

Die Fauna der kleinen umliegenden Inseln ist im allgemeinen derjenigen der Hauptinseln ähnlich, aber es kommen auf denselben immerhin auch mehrere eigentümliche Arten vor. Einige von den Landvögeln dieser Inseln können nicht fliegen.

VI. Bevölkerung.

1. Die Maoris.

Allem Anscheine nach waren die ersten Menschen, welche Neuseeland besiedelt haben, die Maoris, ein polynesischer Volksstamm, der vor etwa einem halben Jahrtausend von Norden her in Neuseeland eingewandert sein dürfte. Nach ihren Traditionen hätte das Land, von dem sie stammten, *Hawaiki* geheissen. Welche von den pazifischen Inseln unter diesem Namen zu verstehen ist, erscheint zweifelhaft, vielleicht Savaii (in Deutsch-Samoa), vielleicht eine andere. Der Häuptling der maorischen Einwanderer hiess Ngahue: mit 800 Unterthanen landete dieser in 12 Schiffen in der Plenty-Bai (Nordinsel). Von hier aus breiteten sich dann die Maori über die Nordinsel und den nördlichen Teil der Südinsel aus. Es ist möglich, dass auch später noch Nachschübe dieses Volksstammes nach Neuseeland gekommen sind.

Am nächsten scheinen die Maoris mit den Samoanern und Tonganern verwandt zu sein. Früher gab es unter den Maoris scharf getrennte Kasten. Die der ersten Kaste angehörigen Männer waren 2 m und darüber gross und ziemlich hell gefärbt, die der niedrigen Kaste angehörigen beträchtlich kleiner und dunkler gefärbt. Jetzt haben alle eine Durchschnittsgrösse von 170 cm. Ihre Arme sind verhältnismässig lang, die Beine kurz. Die Haut ist braun, das Haar schwarz, die Augen dunkel, die Nase gross und gekrümmt. Geistig stehen die Maoris recht hoch. Sie sind ritterlich gesinnt, aber rachsüchtig und grausam. Einige von den Männern sehen recht stattlich aus, auch giebt es unter den Mädchen ganz anziehende Gestalten. Mit den Jahren werden sie aber hässlich, und es giebt keinen widerwärtigeren Anblick als ein richtiges, altes Maoriweib.

Die Maoris beschäftigten sich mit Jagd und Fischfang, verzehrten die stärkereichen Wurzelstöcke der überall auf den Hauptinseln häufigen *Pteris esculenta* und kultivierten süsse Kartoffeln, Taro und Melonen in der Umgebung ihrer Wohnstätten. So lange es noch Moavögel gab, jagten und assen sie diese. Als die Riesenvögel ausgerottet waren, begannen sie, wie oben erwähnt worden ist, einander aufzufressen, und wohl nirgend anderswo gelangte der Kannibalismus zu so hoher Blüte wie in Neuseeland. Die zahlreichen, voneinander unabhängigen Gefolgschaften befehdeten sich unausgesetzt, und die Kämpfe hatten keinen anderen Zweck als den, Fleischnahrung zu beschaffen: jeder Gefangene wurde getötet und ebenso wie jeder Gefallene, dessen Leiche geborgen werden konnte, verzehrt. Es ist oben bemerkt worden, dass diese gräulichen Zustände ein Ende nahmen, sobald die von Kapitän Cook eingeführten Schweine hinreichend zahlreich geworden waren, um die Maoris mit Fleisch zu versorgen. Gegenwärtig halten die Maoris Haustiere, namentlich Schweine, und treiben auch etwas Ackerbau. Sie nähren sich jetzt nicht viel anders als wir.

Früher tättowierten die Maoris ihren Körper, namentlich ihr Gesicht in sehr komplizierter Weise. Ihre Tracht bestand aus einem, bis zu den Knieen herabhängenden Rock und einem, aus den Fasern des *Phormium tenax* gefertigten Mantel. Die Haare trugen sie in einen Schopf zusammengebunden und sie schmückten das Haupt mit Federn, Muscheln und dergleichen. Auch trugen sie grosse, aus Knochen, Muscheln u. s. w. gefertigte Ohrgehänge und um den Hals an einer Schnur verschiedene Schmucksachen und Fetische. In den letzten Jahren ist die Tättowierung ganz abgekommen, und die Nationaltracht weicht immer mehr der europäischen Kleidung. Die Frauen hängen sich mit grossem Behagen jedes grelle Fähnchen um und suchen es, so gut sie können, in Bezug auf Modeunsinn ihren weissen Schwestern gleich zu thun: nur an das Tragen von Fussbekleidung können sie sich nicht gewöhnen und das Pfeifenrauchen, das sie sich in den letzten Jahrzehnten angeeignet haben, können sie nicht lassen. So sieht man in den Städten des Nordens öfters Maoridamen in feinen Toiletten mit hochmodernen Pariser Hüten, blossfüssig und die kurze Pfeife im Munde die Strassen durchwandern.

Ehe der europäische Einfluss sich geltend gemacht hatte, lebten die Maori in primitiven Hütten aus Balken und Rohrflechtwerk. Die Fensterlücken waren mit Phormiumgeweben verhängt. Die Pfosten dieser Hütten, und zum Teil auch die Giebel, waren mit schönen Schnitzereien geziert. In der Mitte des Fussbodens befand sich die Feuerstätte. Der Rauch entwich durch das Dach. Ausser diesen Wohnhütten gab es noch Vorrats- und Gemeindehäuser,

Ein Pah (Maoridorf).

welche ebenfalls mit Schnitzereien verziert waren. Zumeist umzog ein Zaun die Hütte, und ausserdem wurden ganze Hüttengruppen von gemeinsamen Zäunen eingefasst. Eine Anzahl von diesen Hüttengruppen oder Dörfern wurde auf strategisch festen Punkten erbaut und mit starken, doppelten Pallisaden umgeben. Solche befestigte Dörfer nannte man *Pah*. Im Maorikriege spielten dieselben eine sehr bedeutende Rolle. Die besten Maori-Schnitzereien befanden sich in diesen Pahs. Namentlich die Pfosten an den Seiten der Eingangsthore waren reich geschnitzt.

Jetzt giebt es keine Pahs mehr und die Hütten nehmen immer mehr europäischen Charakter an. Rauchfänge werden eingeführt, und Glasfenster treten an die Stelle der Matten. Wie die fortschreitende, europäische Kultur mit diesen alten Bauten aufräumt und Modernes an ihre Stelle setzt, ist sehr hübsch daraus zu er-

Ein maorisches Thor.

sehen, dass vor einigen Jahren die alte Burg des letzten königlichen Maorihäuptlings in einen — Bahnhof umgewandelt worden ist.

Die Waffen der Maoris waren — vor Ankunft der Europäer — neolithisch: Speere, Streitäxte u. s. w. aus Holz mit Knochen- oder Steinköpfen, dann Keulen aus geschliffenen Nephrit. Namentlich die letzteren waren mit grosser Sorgfalt hergestellt und sie gehörten zu den wertvollsten Besitztümern der Maoris. Sobald die Maoris mit der europäischen Kultur in Berührung gekommen waren, traten Äxte und Flinten an die Stelle jener älteren Waffen.

Die Maoris waren sehr geschickte Schiffbauer. Sie fertigten grosse, 20 m lange Kriegsboote an, in denen sie weite Fahrten unternahmen. Schon die glückliche Durchschiffung des Weltmeeres gelegentlich der ersten Besiedelung ist ein Beweis für die Tüchtigkeit dieses Volkes im Seewesen.

Sehr geschickt waren sie auch in der Gewinnung und Verarbeitung der *Phormium tenax*-Fasern, aus denen sie Matten, Vorhänge, Kleidungsstücke und anderes verfertigten.

Die früheren religiösen Anschauungen waren recht verworren. Der oberste Gott hiess *Maui*. Die Priester und Zauberer, welche die religiösen Zeremonieen leiteten, hatten eine bedeutende Macht erlangt und standen den weltlichen Häuptlingen vielfach feindlich gegenüber, als Marsden im Jahre 1814 das Werk der Christianisierung der Maoris begann. Jetzt sind sie alle Christen.

Die Maoris bildeten zahlreiche, getrennte, von verschiedenen Häuptlingsfamilien beherrschte Gefolgschaften. Innerhalb einer jeden von diesen gab es zwei Hauptkasten, die wieder in mehrere Abstufungen zerfielen. Die Häuptlinge lebten polygamisch, und das gesamte Besitztum des Stammes war Gemeingut aller Mitglieder desselben. Durch die beständigen Fehden der Gefolgschaften untereinander wurde der kriegerische Sinn der Maoris ausserordentlich ausgebildet: sie zeichneten sich durch grosse Schlauheit und Tapferkeit aus.

Zahlreiche maorische Dichtungen sind bekannt geworden. Es sind Liebes- und Kriegslieder, in welchen stets die Schlauheit viel mehr als der Mut gepriesen wird.

Als die Engländer Neuseeland zu kolonisieren begannen, dürfte die Maoribevölkerung 100 000 bis 200 000 betragen haben. Durch die Laster, welche die Maori von den ersten europäischen Ankömmlingen lernten, durch die Krankheiten, welche die Europäer in Neuseeland einschleppten und dann auch durch die Kämpfe, welche die Eingeborenen gegen die Kolonisten führten und die mit der Vernichtung eines grossen Teiles ihrer auserlesensten Mannschaften endeten, gingen aber so viele von ihnen zu Grunde, dass im Jahre 1886 nur noch 41 969 Maoris auf den neuseeländischen Inseln übrig waren. Seither ist in dem Rückgange der Maoribevölkerung ein Stillstand eingetreten, ja es ist sogar eine kleine Zunahme zu beobachten: der Census von 1891 ergab 41 993 Maoris. Einige Maorifrauen haben mit Europäern Kinder erzeugt. Diese Mischlinge sind jedoch nicht zahlreich. Im Jahre 1894 gab es 4865 solche Mischlinge. 2184 von ihnen betrachten sich als Europäer und leben dementsprechend; 2681 fand man unter den echten Maoris.

Überblicken wir diese Verhältnisse, so zeigt sich uns das traurige Bild der Erfüllung eines tragischen Schicksals. Wir sehen ein mutiges und kräftiges Volk das unbekannte Weltmeer in gebrechlichen Fahrzeugen kühn und mit Erfolg durchschiffen. Wir sehen, wie dasselbe das gesegnete Land in Besitz nimmt und es von den Riesenvögeln, die dasselbe vorher beherrscht hatten, säubert. Wir sehen, wie es rasch sich vermehrt, wie künstlerischer Sinn und Kunstfertigkeit sich entwickeln, wie die Krieger in fortgesetzten Kämpfen zur Klugheit und zur Tapferkeit erzogen werden. Wir sehen aber auch, wie es, nachdem es mit den Europäern in Berührung gekommen, in kürzester Zeit seine guten Eigenschaften einbüsst, die Laster der neuen Ankömmlinge annimmt, ihre Krankheiten einsaugt und ihre Dummheiten nachäfft, ohne im stande zu sein, Vorteile aus der von den neuen Ankömmlingen mitgebrachten Kultur zu ziehen. In Bezug auf Quantität sowohl als Qualität gehen die Maoris zurück, und es ist kaum anzunehmen, dass der oben erwähnte, temporäre Stillstand in der Abnahme der Maoribevölkerung ihren völligen Untergang wird aufhalten können.

2. Die Europäer.

Es kann keinen grösseren Gegensatz geben, als den zwischen dem oben gezeichneten, düsteren Bilde des Unterganges der Maori und der Darstellung des Aufschwunges, den die europäische Bevölkerung, die germanische Rasse der anglosächsischen Kolonisten daselbst genommen hat. Dort Schwäche und Niederlage; hier Kraft und Sieg.

Erst im Jahre 1839 wurde Neuseeland — von England aus — kolonisiert. Im folgenden Jahre gab es 1200 Europäer auf den Inseln. Gegenwärtig hat Neuseeland gegen 700 000 Einwohner europäischer, fast durchwegs britischer Abstammung. Es hat sich also die Bevölkerung in nicht ganz 60 Jahren versechzigfacht. Bei der Volkszählung im Jahre 1891 gab es (ohne Maori) 672 265 Leute in Neuseeland, davon 4444 Chinesen und vielleicht 200 andere Nichteuropäer, so dass sich die eigentliche weisse Bevölkerung auf ungefähr 667 600 belief. Die Zahl der Chinesen hat seither abgenommen; von jenen 4444 waren nur 18 Frauen, alle anderen Männer.

Die Bevölkerung (ohne Maori) belief sich 1891 in der Nordinsel auf 281455, in der Südinsel auf 344711. Die übrigen wohnten auf der Stewart- und den anderen Inseln.

Die Geschlechter verhielten sich im Jahre 1891 wie 100 (Männer) zu 88.62 (Frauen). 56.18 % der Bevölkerung lebt am Lande (in „Counties"), 43.82 % in Städten (in „Boroughs").

Die Konfiguration des Landes war der Entwicklung einer volkreichen Hauptstadt, welche alle anderen Städte an Grösse übertroffen hätte, nicht günstig. Es gelangten vielmehr vier verschiedene Zentren zu beträchtlichem Volkreichtum: Auckland im Nordwesten der Nordinsel, Wellington im Süden der Nordinsel, Christchurch in der Mitte des südöstlichen Küstenlandes der Südinsel und Dunedin im südlichen Teile des südöstlichen Küstenlandes der Südinsel. Auckland zählte 1891 28613, samt Vorstädten 51287; Wellington 31021, samt Vorstädten 34190; Christchurch 16223, samt Vorstädten 47847 und Dunedin 22376, samt Vorstädten 45869 Einwohner.

Zwischen den Volkszählungen von 1886 und 1891 hat die Bevölkerung Neuseelands um 58886 Personen zugenommen, trotzdem dass in diesem Zeitraume um 17194 mehr Leute aus Neuseeland ausgewandert als nach Neuseeland eingewandert sind. Seit 1891 überwiegt jedoch die Einwanderung die Auswanderung, und die Zahl der Bewohner nimmt daher noch viel rascher zu.

VII. Die Produktion des Landes.

1. Landwirtschaft.

Da sich die Hauptinseln von Neuseeland über 14 Parallelkreise ausdehnen, ist es natürlich, dass in den verschiedenen Teilen derselben sehr verschiedene landwirtschaftliche Produkte erzeugt werden können. Das gleichmässige Seeklima Neuseelands ist der Landwirtschaft im allgemeinen günstig.

In der Nordinsel wachsen Futterpflanzen und Gräser sehr gut fast das ganze Jahr hindurch. Schafe und Rinder finden auf der Weide reichliche Nahrung, entwickeln sich rasch und werden auch ohne systematische Mast recht fett. Von den Getreidearten gedeiht hier Mais am besten. Weizen, Hafer und Gerste können mit dem besten Erfolge auf minder fruchtbarem Boden kultiviert werden. Auf reicherem Grunde geben sie viel Stroh und wenig Samen. Tabak, Hopfen, Hanf, Kartoffeln u. s. w. gedeihen ebenfalls gut. Ferner werden Orangen, Zitronen, Oliven, Weinstöcke und viele Obstbaumarten in der Nordinsel mit Erfolg angebaut.

Das kühlere Klima der Südinsel eignet sich am besten für Viehzucht und Getreidebau. Die mehr oder weniger subtropischen Nutzpflanzen, welche auf der Nordinsel mit so gutem Erfolge kultiviert werden, gedeihen auf der Südinsel nicht.

Ackerbau. Weizen wurde früher in grosser Menge auf den Canterbury-Ebenen gebaut. Es ist jedoch neuerlich der Weizenpreis so sehr gesunken, dass sich viele von den Landwirten genötigt gesehen haben, den Anbau dieser Getreideart aufzugeben. Man sät vom Mai bis zum Oktober, den ganzen Winter hindurch. Besonders guter Weizen gedeiht auf dem kalkigen Boden in der Nähe von Omaru.

Im Süden der Südinsel wird hauptsächlich Hafer, im Norden derselben namentlich Gerste gebaut.

Die Anbaufläche und der Ertrag der verschiedenen Getreidearten im Jahre 1895 ergeben sich aus folgender Tabelle:

	qkm Flächenraum unter	1000 cbm Ertrag
Hafer	1421	371
Weizen	601	131
Gerste	148	36
Erbsen und Bohnen	53	14
Mais	22	8
Roggen	16	2

In allen Teilen Neuseelands werden Kartoffeln angebaut, bei den hohen Arbeitslöhnen erscheint aber der Anbau dieser Frucht sehr kostspielig.

Von viel grösserer Wichtigkeit als die Kartoffel ist für Neuseeland die Rübe. 1895 waren 1560 qkm mit Rüben bebaut. Auf jungfräulichem Boden gedeihen sie ohne Dünger sehr gut; auf bereits bestelltem ist dagegen entsprechende Düngung zur Erzielung einer guten Ernte notwendig. Man sät die Rübe im November und Dezember. Sie dient hauptsächlich zur Schafmast, wobei man etwa 400 qm Rübenfeld auf ein Stück rechnet.

Auch Raps wird ziemlich viel gebaut und als Schaffutter benutzt; ferner Mangold und Karotten. Mangold giebt sehr reichliche Ernten.

Die Versuche, die mit dem Anbau von Runkel-(Zucker-)Rüben gemacht wurden, sind bisher nicht von dem gewünschten Erfolge begleitet gewesen. Der Zuckergehalt der Rüben war stets ein wenig befriedigender.

Besser ist es mit dem Flachse gegangen, der gut fortkommt und viel Faser und Samen ergiebt. Eigentlich eingebürgert hat sich aber die Flachskultur noch nicht.

Auf den Hauptinseln von Neuseeland sowie auf einigen der zu Neuseeland gehörigen kleineren Inseln kommen mehrere Arten des zu den Liliaceen gehörigen Genus *Phormium* vor. Eine von diesen, das *P. tenax*, das auf den Hauptinseln häufig ist, hat ein schilfartiges Aussehen und erreicht eine Höhe von 3 m und mehr. Die Gefässbündel der Blätter dieser Phormium-Art sind sehr lang, biegsam und zähe und können in ähnlicher Weise wie die Fasern des Hanfes und des Flachses zur Anfertigung von Schnüren, Seilen, Matten und Geweben verwendet werden.

Die Maoris machten, wie oben erwähnt, einen sehr ausgedehnten Gebrauch von diesen Phormium-Fasern. Sie stellten Matten, Gewebe u. s. w. aus diesen Fasern her, und es wurden sehr früh schon, noch ehe Neuseeland kolonisiert war, in den zwanziger und dreissiger

Phormium tenax.

Jahren, beträchtliche Mengen von Phormium-Hanf aus Neuseeland ausgeführt. Nach der Kolonisation nahm die Menge der ausgeführten Faser zu. Im Jahre 1855 wurde eine Fasermenge im Werte von mehr als 100 000 Mark exportiert. Dieser Phormium-Hanf wurde ausschliesslich von den Eingeborenen zubereitet. Als nun die Maori-Unruhen ausbrachen und es zum Kriege zwischen den Eingeborenen und den Engländern kam, hörte dieser Phormium-Handel auf. Man konstruierte nun Faser-Isoliermaschinen, und es wurde durch diese den Europäern möglich gemacht, selbst mit Vorteil Phormium-Fasern zu bereiten. Zu Ende der sechziger Jahre wurde solcherart jährlich Phormium-Faser im Werte von einer Million Mark gewonnen und viel davon exportiert.

Später hat man durch Anwendung verschiedener Methoden feine flachs- und grobe hanfähnliche Fasern aus dem Phormium dargestellt. Die ersteren werden, allein oder mit Flachs gemischt, zur Anfertigung von Segeltuch und ähnlichen Geweben, die letzteren zur Herstellung von Seilen und Spagat verwendet. Im Jahre 1894 wurde Phormium-Faser im Werte von ein und ein Drittel Millionen Mark ausgeführt.

Viehzucht. Neuseeland eignet sich sehr gut für die Schafzucht. Die reinen Merinoschafe gedeihen im unkultivierten Hügel- und Berglande bis hinauf zu den Gletschern sowie in den trocke-

Schafmusterung.

neren Teilen der Ebene. Andre Rassen, welche weniger feine Wolle geben, kommen besser in den kultivierten und feuchteren Teilen des Tieflands fort. Neuerlich werden, namentlich in den kultivierteren Landesteilen, verschiedene Mischrassen gezüchtet.

Früher konnte man von den Schafen nur die Wolle und nebenbei die Haut und das Fett verwerten. Die Züchter richteten daher ihr Hauptaugenmerk auf die Wolle. Seitdem man jedoch angefangen hat, das Schaffleisch in gefrorenem Zustande nach Europa zu bringen, wird auch auf dieses Rücksicht genommen, und man züchtet gewisse Schafrassen, namentlich Kreuzungen zwischen Merino- und langwolligen Schafen, als Schlachttiere.

Die Schafe werden im September geschoren und geben, je nach Rasse und Qualität, 2—15 k Wolle per Stück. Der Wollenexport betrug im Jahre 1894 58 Tausend Tonnen. Vielfach wird die Schafschur mit Maschinen bewerkstelligt.

Zum Zwecke der Fleischausfuhr werden die Schafe eine Zeit auf besonders reiches Futter gesetzt und so gemästet, dann geschlachtet, gehäutet, ausgeweidet und in zahlreichen — im Jahre 1895 bestanden in Neuseeland 21 solche — Gefrieranstalten gefroren. Von diesen Anstalten aus kommen sie auf das Schiff, um gefroren nach Europa transportiert zu werden. Im Jahre 1893 wurden

Eine Pferdeherde.

nahezu zwei Millionen gefrorene Schafe im Gewichte von 50 Tausend Tonnen aus Neuseeland ausgeführt.

Im Jahre 1894 gab es in Neuseeland über zwanzig Millionen Schafe.

Auch die **Pferdezucht** wird mit Erfolg betrieben und verschiedene Rassen, namentlich schwere, nach Australien und anderen Ländern exportiert.

Die Zucht von **Rindern**, für welche sich das Klima ebenfalls sehr gut eignet, hat besonders in neuerer Zeit, da man begonnen hat, Butter und Käse im grossen zu erzeugen und zu exportieren, einen bedeutenden Aufschwung genommen. Zu Anfang 1895 gab es in Neuseeland gegen eine Million Rinder. Die Kühe geben durchschnittlich im Jahre per Stück 100 k Butter oder 250 k Käse.

An der Westküste der Nordinsel, welche durch besonders fette Weiden ausgezeichnet ist, sowie an anderen Stellen sind Butterfabriken errichtet worden. Die Bauern verkaufen ihre Milch an diese; die Bezahlung richtet sich nach dem Fett-(Butter-)Gehalte. In den Fabriken wird die Milch zentrifugiert und die erhaltene Butter verpackt und versandt. Ebenso wie das Fleisch wird auch die Butter gefroren gehalten, bis sie an ihrem Bestimmungsorte angelangt ist. Ausser Butter wird auch Käse eszeugt, dieser einen Monat gehalten und dann in einem kühlen Raume — aber nicht gefroren — verschifft. Im Jahre 1895 wurden $3^1/_2$ Tausend Tonnen Käse und 3 Tausend Tonnen Butter von Neuseeland ausgeführt.

Schweine werden in beträchtlicher Anzahl gehalten und das Schweinefleisch auch konserviert und exportiert.

2. Forstwirtschaft.

Der Kauri, die Totara und viele andre Waldbäume geben wertvolles Holz. Im Gebiete der Kauri-Bäume, wo zahlreiche Bäche den Wald durchziehen, werden die gefällten und in entsprechende Längen zerschnittenen Stämme auf frei gemachten Bahnen zum nächsten Bach gerollt, in dem sie dann zu der weiter unten aufgestellten Sägemühle hinabschwimmen. Ist der Bach sehr wasserarm, so kann das Hinabschwämmen nur nach einem heftigen Regengusse oder mit Hülfe künstlicher Stauung und plötzlicher Schleusenöffnung durchgeführt werden.

An anderen Orten werden Trambahnen mit Holzschienen hergestellt, auf denen die Stämme von Pferden zur Mühle geschafft werden. Nur selten werden hierzu Eisenschienen und Dampfmotoren verwendet. Die Mühlen, in denen die Blöcke gesägt und die Bretter oft auch gleich mit der Hobelmaschine behandelt werden, sind zumeist Dampfmühlen.

Weitaus das wertvollste Holz ist das *Damara australis*-(Kauri-) Holz, von dem sehr viel exportiert wird. Der *Damara australis*-Baum hat meist einen etwa 30 m hohen und 1—2 m, ausnahmsweise bis 6 m dicken Stamm. Das Holz hat ein spezifisches Gewicht von 0.5—0.7, ist sehr stark, dicht und dauerhaft und dabei doch ganz leicht zu bearbeiten. Es wird zu sehr vielen verschiedenen Zwecken benutzt. Manche Stämme zeigen eine schöne Fladerung. Das Holz von solchen wird zur Herstellung von Einrichtungsgegenständen verwendet. Der Kauri-Baum wächst auf der Nordinsel.

Aber nicht nur das Holz, auch das Harz des Kauri-Baumes ist von grossem Werte. Halbfossil findet man es im Boden alter Kauri-Wälder in beträchtlicher Menge. Im Jahre 1894 waren gegen 7000 Leute mit dem Kauri-Harzgraben beschäftigt. Dieses Harz kommt in Form von Klumpen von Nuss- bis Kopfgrösse vor. Es sind Stücke von 50 k Gewicht gefunden worden. Das Harz hat meist eine dunkelbraune bis schwarze Farbe. Letztere wird namentlich bei Stücken, die aus Sümpfen stammen, angetroffen. Die nicht besonders häufigen, ganz oder halb durchsichtigen Stücke können gerade so benutzt werden wie Bernstein: im Grunde genommen ist ja das fossile Kauri-Harz eine Art Bernstein. Das allermeiste von dem Kauri-Harze, das man findet, ist weniger rein und wird in Terpentin u. s. w. aufgelöst, um als Lack verwendet zu werden.

In den Jahren 1884 bis 1894 wurden jährlich 4—9 Tausend Tonnen Kauri-Harz exportiert und dafür ein Gewinn von durchschnittlich etwas über 1000 Mark für die Tonne erzielt.

Um das Harz zu gewinnen, wird der Boden entweder erst mit spitzen Stöcken sondiert und dann nach den einzelnen hierbei aufgespürten Stücken gegraben; oder es wird der ganze Boden umgegraben und so das in der bearbeiteten Bodenschicht liegende Harz vollständig gewonnen. Es giebt kein anderes wertvolles Naturprodukt, das so leicht und so ohne jedwede Kapitalauslage gewonnen werden kann wie das Kauri-Harz. Der durchschnittliche Ertrag betrug 1894 27 Mark wöchentlich für jeden Arbeiter.

Das *Podocarpus totara*- (Totara-) Holz ist ebenso leicht zu bearbeiten und ebenso dauerhaft wie das Kauri-Holz, jedoch nicht so stark wie dieses. Es eignet sich — wegen seiner Widerstandsfähigkeit gegen Teredo — besonders zu marinen Wasserbauten. Der Totara-Baum kommt auf den Hauptinseln Neuseelands überall zerstreut in den Mischwäldern vor.

Ein dem Totara ähnlicher Baum, der *Podocarpus hallii* (Totara-Kiri-Kotukutuku), dessen Holz ebenso wie das Holz des eigentlichen Totara benutzt wird, kommt ebenfalls überall in den neuseeländischen Mischwäldern vor.

Die von Mongonui im Norden bis in den südlichen Teil der

Südinsel reichende *Podocarpus spicata* (Matai) ist kleiner als die vorhergehende und hat ein dunkleres, sehr starkes und dauerhaftes Holz. Es wird zu den verschiedensten Zwecken und namentlich häufig zu Fussböden benutzt. Das spezifische Gewicht dieses Holzes beträgt 0.57—0.79.

Sehr brauchbar ist auch das dunkelrote, gestreifte Holz der ziemlich seltenen *Libocedrus daniana* (Kawaka), eines Baumes,

Kauri-Bäume.

dessen Stamm 30 m hoch und 1 m dick wird. Das Holz zeigt oft eine schöne Fladerung und lässt sich gut polieren. Es wird deshalb auch besonders zur Herstellung von Möbeln verwendet. *Libocedrus daniana* kommt nur auf der Nordinsel vor.

Viel weiter nach Süden, bis in den südlichen Teil der Südinsel erstreckt sich eine andere Spezies dieser Gattung, die *Libocedrus bidwillii* (Pahantea). Die Stämme dieses Baumes werden nur 10—20 m hoch und 0.3— 0.8 m dick. Das Holz ist leicht und dauerhaft, aber etwas spröde. In Bezug auf Widerstandsfähigkeit gegen Bruch ist es das schwächste von allen neuseeländischen Hölzern. Es hat eine gleichmässig rote Farbe.

Sehr gutes, zähes und elastisches, ausserordentlich dauerhaftes Holz von gelblich-brauner Farbe liefert der in der Auckland-Halbinsel der Nordinsel vorkommende *Dacrydium Kirkii* (nördlicher Monoao) Baum, dessen Stamm 10 m hoch und 1 m dick wird.

Eine andere Art dieser Gattung, das *Dacrydium Colensoi* (südlicher Monoao), kommt auf der Südinsel vor, wo sie im Gebirge bis zu einer Höhe von 1200 m emporsteigt. *D colensoi* ist kleiner als *D. kirkii*, sonst aber, in der äusseren Erscheinung sowohl als auch in der Struktur des Holzes, diesem sehr ähnlich.

Ein sehr gutes, starkes und dauerhaftes Holz liefert auch das im nördlichen Teile des nordwestlichen Küstenstriches der Südinsel vorkommende *Dacrydium westlandicum* (Westland-Pine), ein Baum, dessen Stamm 12—15 m hoch und 0,3—0.7 m dick wird.

Eine vierte auf den beiden Hauptinseln Neuseelands und auf der Stewart-Insel bis zu Höhen von 1200 m vorkommende Dacrydium-Art, das *D. intermedium* (Yellow Silver Pine), ein Baum, dessen Stamm 12 m hoch und 0.3—0.12 m dick wird, giebt ein starkes und dauerhaftes, sehr harzreiches Holz. Es wird namentlich zum Bau von Booten verwendet.

Die in der Nordinsel vorkommende *Vitex littoralis* (Puriri), ein 12—20 m hoher Baum, dessen Stamm eine Dicke von 0.7—1.6 m erreicht, hat ein ausserordentlich hartes, dichtes und schweres Holz. Dasselbe ist von dunkelbrauner Farbe. Die Fasern dieser Holzart sind ineinander verflochten, so dass man oft, namentlich bei der Bearbeitung älterer Stämme genötigt ist, dieselben mit Explosivstoffen zu zersprengen. Von allen neuseeländischen Hölzern eignet sich dieses am besten für Eisenbahnschwellen.

Die von Ahipara bis zum südlichen Teile der Südinsel vorkommende *Fagus fusca* (Tawhai, Black Birch, Red Birch, Bull Birch) ist ein Baum, dessen Stamm eine Höhe von 30 m und eine Dicke von 0.7—3 m erreicht. Das Holz ist rot gefärbt, sehr zäh, stark und dauerhaft. Besonders zeichnet es sich durch seine leichte Spaltbarkeit aus. Es wird zu sehr vielen Zwecken, besonders auch zur Herstellung von Zäunen verwendet. Diesen Buchenholzzäunen wird eine Dauer von 40 Jahren zugeschrieben.

Von anderen Fagus-Arten kommen namentlich *F. solandri* (Black-, White-, Red-Birch u. s. w.) und *F. blairii* (Blair's Beech) in Betracht, welche beide in den mittleren Teilen der Hauptinseln weit verbreitet sind. Die Stämme von *F. solandri* werden 20—30 m hoch und über 1 m dick, jene von *F. blairii* sind etwas kleiner. Das Kernholz ist dunkel, das übrige hell rot oder grau gefärbt. Es ist sehr stark und dauerhaft.

Wegen seiner Stärke und Dauerhaftigkeit ist auch das Holz der Olea-Arten, *O. Cuninghamii* (Maire-raunni), *O. lanceolata* (Maire, white Maire) und *O. montana* (Narrow leaved Maire) berühmt. Das spezifische Gewicht des *O. Cuninghami*-Holzes beträgt 1.1—1.2. Es ist dunkelbraun und wird zu vielen Zwecken verwendet, unter anderen auch zum Bau von Eisenbahnwaggons. Die Stämme dieses Baumes werden über 20 m hoch und 1—2 m dick. *O. lanceolata* und *O. montana* erreichen keine so bedeutenden Dimensionen. Alle drei Arten kommen in der Nordinsel und im nördlichen Teile der Südinsel vor.

Auch das Holz der vier Metrosideros-Arten, *M. robusta* (nördliche Rata), *M. lucida* (südliche Rata), *M. tomentosa* (Pohutukawa) und *M. polymorpha* (small-leaved Pohutukawa) wird als sehr dauerhaft gerühmt. Die *M. robusta* hat sehr kleine und leichte Samen, welche vom Winde verweht oft in Astgabeln hoch über dem Erdboden zur Ruhe kommen und hier keimen. Der Keimling entsendet alsbald sehr lange und dünne fadenförmige Wurzeln den Stamm, auf dem er sitzt, entlang hinab zur Erde. Diese Wurzeln wachsen in die Dicke und verschmelzen miteinander zu einem immer dicker werdenden Strange, der im Laufe der Zeit, nachdem der Stamm, auf dem die Metrosideros gekeimt hatte, abgestorben ist, als der untere Teil des Stammes der letzteren erscheint. Dieser Wurzelstamm geht ohne erkennbare Grenze in den eigentlichen vom Samen nach aufwärts wachsenden Stamm des Baumes über, und beide zusammen erreichen eine Höhe von 30—40 m. In seinen unteren Teilen wird der Stamm dieses nördlichen Rata-Baumes 1—4, zuweilen sogar 6 m dick. Die andern genannten Metrosideros-Arten sind etwas kleiner. *M. robusta* kommt in der Nordinsel und in der Südinsel bis nach Greymouth herab vor; *M. lucida* erstreckt sich vom Thames-Goldfeld bis zu den Auckland-Inseln; *M. tomentosa* ist auf den nordwestlichen Teil der Nordinsel und *M. polymorpha* auf die Kermadec-Inseln beschränkt. Das Holz von *M. robusta* hat eine mattrote Farbe, ist dicht und schwer, dauerhaft und sehr stark. Es wird zu verschiedenen Zwecken, namentlich auch zu Telegraphenstangen verwendet und ist als Brennholz sehr geschätzt. Noch dichter und stärker ist das Holz der *M. lucida,* dessen spezifisches Gewicht 1—1.15 beträgt. Dieses, sowie das Holz der beiden andern genannten Arten wird zum Schiffbau und zu Maschinenlagern verwendet. Die Rinde von *Metrosideros robusta* ist sehr tanninreich und wird vielfach zum Gerben verwendet.

Ein ähnliches dichtes und schweres Holz hat das *Leptospermum ericoides* (Manuka-Rauriki), ein Baum, welcher auf der Nordinsel, sowie im nördlichen und mittleren Teile der Südinsel vorkommt und dessen Stamm eine Höhe von 20 m und eine Dicke von 1 m erreicht. Es wird zu ähnlichen Zwecken wie das Metrosideros-Holz verwendet.

Sehr gute und dauerhafte Hölzer liefern auch die *Eugenia maire* (Maire-Tawhake) und die *Sophora tetraptera* (Kowhai). Die Rinde der ersteren ist sehr tanninreich und wird zum Gerben benutzt.

Weniger dauerhaft und wertvoll, im Freien nicht gut verwendbar, aber immerhin noch für viele Zwecke recht gut tauglich sind die Hölzer der folgenden Bäume:

Dacrydium cupressinum (Rimu, Red Pine),
Podocarpus dacrydioides (Kahikatea, White Pine),
Podocarpus ferruginea (Miro toromiro),
Phyllocladus trichomanoides (Tanekaha),
Phyllocladus glauca (Toatoa),
Phyllocladus alpinus (Mountain-Toatoa),
Fagus cliffortioides (Mountain-Beech),
Fagus menziesii (Silver-Beech),
Laurelia novaezelandiae (Pukatea),
Elaeocarpus dentatus (Hinan),
Elaeocarpus hookerianus (Pokaka),
Beilschmiedia tarairi (Tarairi),
Beilschmiedia tawa (Tawa),
Alectryon excelsum (Titoki, Tokitoki),
Ixerba brexioides (Tawari),
Litsea calicaris (Mangeao, Tangeao)
Knightia excelsa (Rewa-Rewa),
Weinmannia silvicola (Tawhera),
Weinmannia racemosa (Towhai, Kamahi)
Hedycarya dentata (Porokainhiri),
Dysoxylum spectabile (Kohekohe).

Das Holz von *Dacrydium cupressinum* ist sehr stark und hält an trockenen, geschützten Orten lange aus. Es wird sehr häufig zur Anfertigung von Einrichtungsgegenständen verwendet. Die tanninreiche Rinde wird zum Gerben benutzt. Auch das Holz der beiden oben genannten Podocarpus-Arten ist an trockenen Orten gut zu brauchen.

Das Holz von *Phyllocladus trichomanoides* gehört zu den stärksten Holzarten Neuseelands und wird vielfach in Bergwerken benutzt, verträgt aber abwechselnde Nässe und Trockenheit nicht auf die Dauer. Die Rinde der Phyllocladus-Arten *trichomanoides* und *glauca* wird zu Gerbzwecken benutzt.

Das Holz von *Phyllocladus alpinus* und *Fagus cliffortioides* findet nur lokale Verwendung.

Das dunkelrote Holz der *Fagus Menziesii*, des schönsten Baumes in Neuseeland, eignet sich am besten zur Anfertigung von Fassdauben.

Die *Laurelia Novae Zelandiae* liefert ein starkes, gelblich gefärbtes Holz, das sich sehr gut zum Bootbau eignet. Aus diesem Holze fertigten in früherer Zeit die Maoris mit Vorliebe ihre grossen Kriegsboote an.

Das Holz der oben angeführten Elaeocarpus-Arten wird zu mancherlei Zwecken verwendet, als Brennholz ist es jedoch nicht zu brauchen und im Freien verfault es sehr bald. Die an Tannin reiche Rinde wird zum Gerben benutzt.

Das Holz von *Beilschmiedia tarairi* ist sehr leicht spaltbar und ein gutes, leichtes Brennholz. Auch das Holz von *Beilschmiedia tawa* eignet sich hierzu. Die Maoris benutzten das letztere seiner Zeit zur Anfertigung der Schäfte ihrer 10—12 m langen Lanzen. Eine besondere Verwendung findet dieses Holz gegenwärtig zur Verfertigung von Butterfässern und Milcheimern.

Das Holz von *Alectryon excelsum* wird hauptsächlich zur Anfertigung von Wagenbestandteilen und Pferdegeschirr benutzt. *Ixerba brexioides* liefert gute Stollenstützen; *Litsea calicaris* Blocks und Wagenbestandteile. Das Holz von *Knightia excelsa* ist schön gefladert und wird zu feineren Sachen, ornamentalen Möbeln und Dekorationen verwendet. Die erwähnten *Weinmannia*-Arten liefern ein Holz, das als Brennholz und auch in anderer Weise Verwendung findet. Besonders wertvoll ist die tanninreiche Rinde dieser Bäume für den Gerber. *Hedycarya dentata* und *Dioxylum spectabile* haben ein weiches, weisses, sehr leicht zu bearbeitendes Holz. Das Holz des letztgenannten Baumes wird in trockenen, sandigen Gegenden mit Vorteil zur Herstellung von Zaunpfählen verwendet.

Ausser den grösseren oben angeführten Bäumen, welche brauchbares Holz liefern, giebt es in Neuseeland noch eine bedeutende Anzahl von kleineren Sträuchern und Bäumchen, deren Holz, dann auch deren Rinde, Samen und Blätter in der einen oder andern Weise praktische Verwendung finden. Kirk zählt 41 Arten von solchen Holzpflanzen auf. Hier seien nur einige von ihnen erwähnt:

Drimys axillaris (Horopito): feine Tischlerarbeit, eingelegte Möbel; *Pittosporum engenioides* (Tarata); Drechslerarbeit; *Melicytus ramiflorus* (Mahoe) und *Aristotelia racemosa* (Makomako): Holzkohle zur Schiesspulverfabrikation; *Pennantia corymbosa* (Kaikomako): dieses Holz wurde in früheren Zeiten von den Maoris zur Entzündung des Feuers mittels Reibung benutzt; *Dodonaea viscosa* (Ake): früher von den Maoris zu Keulen, jetzt zu Bildrahmen benutzt; *Leptospermum scoparium* (Manuka, Kahikatoa): ein Absud der Blätter wird häufig als Thee getrunken; *Myrtus bullata* (Ramarama) und andere Myrtus-Arten: Werkzeuge, Stemmeisen und Axtstiele; *Fuchsia exorticata* (Kotukutuku): liefert fast unverbrennliches Holz. Die aus demselben hergestellten Zaunpfähle erscheinen nach einem Brande der Prärie oder der Waldparzelle, in der sie sich befinden, kaum versengt. Die Samen des *Sideroxylon costatum* (Tawaapou) wurden seiner Zeit von den Maorihäuptlingen an einer Schnur befestigt als Halsschmuck getragen.

3. Bergbau.

Der Mineralreichtum Neuseelands ist ein sehr bedeutender, und die Ausbeutung desselben durch die Kolonisten hat zur Hebung ihres Wohlstandes erheblich beigetragen. In der umstehenden Tabelle sind die Mengen und Werte der gehobenen Mineralschätze angegeben.

Weitaus das wichtigste von diesen Mineralprodukten ist das Gold. Wie aus unserer Tabelle hervorgeht, hat man in den letzten 44 Jahren (1853—1897) Gold im Werte von über eine Milliarde Mark in Neuseeland gefunden.

	1897		1853—1897
	Tonnen (1000 k)	Wert Mark	Wert Mark
Gold	7.8	19 996 162	1 088 801 734
Silber	5.7	425 789	4 135 570
Kupfererz	—	41	364 507
Chromerz	—	—	762 287
Antimonerz.	10.1	3 203	1 068 564
Manganerz	182.9	11 036	1 194 694
Kohle	854 164.4	8 575 283	127 040 796
Verschiedenes	—	120 197	1 611 763
Zusammen . . .	—	29 131 711	1 224 979 915

Die Hauptgoldlagerstätten Neuseelands sind: das Hauraki-Goldfeld auf der Nordinsel und die Goldfelder der Westküste und von Otago in der Südinsel. Das Hauraki-Goldfeld breitet sich über die Halbinsel von Coromandel und die Landschaft im Süden von Waiorongomai aus. Das Goldfeld der Westküste erstreckt sich über die Nordwestabdachung der neuseeländischen Alpen von Kap Farewell bis zum Wanganui-Flusse. Das Otago-Goldfeld liegt im Südosten der Südinsel.

Im Hauraki-Goldfelde stehen Andesit und Prophylitmassen zu Tage. In letzteren finden sich zwölf goldführende Ganggruppen: die Coromandelgruppe, die Kuaotumigruppe, die Tapugruppe, die Thamesgruppe, die Puririgruppe, die Marratotogruppe, die Ohinemurigruppe, die Konsatagruppe, die Waitekaurigruppe, die Waihigruppe, die Korangahakigruppe und die Te Arohagruppe. Die wichtigsten von diesen sind gegenwärtig die Thamesgänge. Die Thames-Ganggruppe liegt in jenem, 2—3 km breiten, von südwest-nordöstlich streichenden Prophylitmassen durchzogenem Andesit-Gelände, welches sich nördlich von der Mündung des Waiwhakarunga-Flusses ausbreitet. An zwei nordwest-südöstlich, senkrecht zur Streichungsrichtung des Prophylits verlaufenden Spalten ist diese Scholle nach Südwesten abgesunken, so dass das ganze Thames-Goldfeld aus drei Stufen aufgebaut erscheint. Die Stufen sind über 100 m hoch. Unter Tage weisen die Verwerfungsspalten deutliche Rutschflächen auf. Die goldführenden Gänge selbst streichen, wie die Prophylitmassen, südwest-nordöstlich und erreichen bedeutende Längen. Sie werden von den beiden erwähnten Verwerfungen zerschnitten. Die Mächtigkeit der Gänge beträgt zumeist 1—2 m, doch verbreitern sie sich stellenweise sehr bedeutend, der Waiotohigang z. B. erlangt an einer Stelle eine Dicke von 13 m. Das Ganggestein ist ein bröckliger Quarz, der nach oben hin von oxydiertem Eisen oder Mangan, rot beziehungsweise schwarz gefärbt erscheint. Die mächtigeren von diesen Gängen enthalten nur wenig Gold, nur 3—15 gr auf die Tonne. 14.9 gr die Tonne wurde am Waiotahi in Tiefen von 70—90 m angetroffen. Von den schmäleren Gängen und Gangteilen sind manche viel reicher. Das Gold ist sehr ungleichmässig verteilt: Goldnester von zuweilen ausserordentlichem Goldreichtume wechseln mit goldarmen Strecken ab. Zumeist erscheint das Edelmetall sehr fein, nur im Ausgehenden werden grössere Stücke in Draht- und Plattenform gefunden.

Das Gold der Thamesgruben enthält beträchtliche Mengen Silber, bis 40%, weshalb es einen verhältnismässig geringen Wert hat. Im allgemeinen hat sich ein Ärmerwerden der Gänge nach abwärts feststellen lassen. Die grossen, nur wenig Gold (3—15 gr auf die Tonne, siehe oben) führenden Gänge sind noch kaum in Abbau genommen worden.

Von den übrigen Ganggruppen des Hauraki-Goldfeldes, welche in Bezug auf den geologischen Charakter jenen der Thamesganggruppe sehr ähnlich sind, ist zunächst die Coromandelgruppe zu erwähnen. Zu dieser gehört die Hauraki-Grube, in welcher sehr gute Erfolge erzielt worden sind. Wir haben da drei, bloss 2—45 cm mächtige Gänge, zwei nord-südlich streichende und einen ost-westlich streichenden, welcher diese beiden durchschneidet. Nur ein kleiner Teil dieser Gänge im Norden, wo sich auf 50 m ein Erzfall einschiebt, ist reich an Gold. 1600 Tonnen ausgesuchtes Material von diesem Gangteile haben 636 gr Gold die Tonne gegeben. Der durchschnittliche Goldgehalt dürfte 200 gr die Tonne betragen. Das Gold ist Grobgold.

Weniger reich sind die Gänge des Kapanga-Goldbergwerkes. Dieselben sind 15—100 cm mächtig und geben ungefähr 60 gr Gold die Tonne. Ein sehr starker, 10—33 m mächtiger Quarzgang, das Big Reef, durchsetzt die ganze Coromandel-Bergkette bis nach Cabbage-Bai. Leider ist der Goldgehalt dieses mächtigen Ganges ein sehr geringer, so weit bekannt nur 6 gr auf die Tonne. In den Kuaotunu-Gängen tritt das Gold in sehr feiner Verteilung auf, was die Gewinnung desselben beträchtlich erschwert. Die grösste Bedeutung hat in den letzten Jahren im ganzen Hauraki-Goldfelde die am oberen Teile des Ohinemuri-Flusses gelegene Waihigrube gewonnen. Es finden sich dort zwei vertikale, west-östlich streichende

Gänge, der Martha- und der Welcome-Gang, welche im Westen einander parallel laufen, im Osten aber auseinanderweichen. Diese Gänge werden an der Stelle, wo sie auseinanderzuweichen beginnen, durch einen Quergang verbunden. Der nördliche Gang ist 5—15, der südliche nur 3—4 m breit. Dort, wo sie parallel laufen, liegen sie einander sehr nahe. Diese Gänge enthalten teils Quarz, teils Letten. Der Quarz ist klüftig, drüsig oder gebändert und grossenteils rot gefärbt. Auf die Tonne Gestein kommen 30 gr Gold. Dasselbe ist so fein verteilt, dass die Gewinnung nicht leicht ist. Der Gehalt dieses Goldes an Silber ist ein sehr beträchtlicher. Ähnliche Verhältnisse werden in den Silverton- und Waihekauri-Gruben angetroffen. Durch einen ausserordentlich hohen Silbergehalt ist das Golderz der Woodstock-Gruben bei Korangahaki ausgezeichnet: dasselbe enthält über $70^0/_0$ Silber. In den Gängen der Te Aroha-Gruppe kommt das Gold innig vermischt mit Kupferkies, Schwefelkies, Zinkblende und Bleiglanz vor, was die Gewinnung sehr erschwert und bisher eine ausgiebigere Ausnützung dieser Fundstätten verhindert hat.

Das Goldfeld der Westküste zerfällt in drei Abschnitte: Lyell, im Norden, landeinwärts; Reefton in der Mitte, im Binnenland und der Küstenstrich Greymouth-Bruce Bay im Süden, an der Küste.

Das Lyellgoldfeld liegt im Gebiete der Carbonformation. In demselben treten Quarzlagergänge auf, welche stellenweise eine Mächtigkeit von 3 m erreichen. Ausser diesen finden sich auch schmale, quer verlaufende Gangstücke. Namentlich die letzteren sind goldreich. Die wichtigste Goldgrube jener Gegend ist die United Alpine Mine. Der Goldgehalt des hier geförderten Materials betrug zumeist 10—15 gr Gold die Tonne.

40 km südlich vom Lyell- liegt das Reefton-Goldfeld. Hier durchziehen bis zu 1.6 km breite Streifen von grauem, talkigem Thonschiefer und Sandstein das produktive Steinkohlengebirge. In diesen Streifen finden sich meist annähernd meridional verlaufende Lagergänge einzeln oder in Gruppen, welche teils derben, grauweissen, teils auch bröckligen und zerreiblichen, weissen Quarz enthalten. In dem Quarz ist das Gold als Freigold enthalten, im derben Quarz in sehr feinverteiltem Zustande, in bröckligen, in gröberen, mit freiem Auge sichtbaren Partikeln. In einigen von diesen Gängen, so in dem von der Cadmans-Grube erschlossenen, findet sich ziemlich viel Antimonglanz. Auch goldhaltiger Schwefelkies kommt vor; Bleiglanz hingegen ist selten. Die Oxydation im

Ausgehenden ist eine unbedeutende. Der Goldreichtum ist mässig, auf die Tonne 15—23 gr.

Zwar keilen viele von den Gängen nach unten aus, manche nehmen aber dann mit der Tiefe wieder an Mächtigkeit zu. Im allgemeinen ist die Stärke der Gänge eine ausserordentlich schwankende. „In der Progressmine", berichtet Schmeisser, „wechselte die Mächtigkeit eines durchweg abbaulohnenden Gangmittels zwischen 1 und 33 m." Die Verbreiterungen der Gänge in der Tiefe sind ungefähr ebenso goldreich wie die oberen Partieen. In der Keep dark mine ergab das Material aus einer Tiefe von 260 m, 332 m unter dem Ausgehenden durchschnittlich 17.5 gr Gold die Tonne. Besonders wertvoll sind die Gruben dieser Gegend auch deshalb, weil die goldführenden Schichten im Hangenden sowohl als im Liegenden von Kohlenflötzen begleitet sind, welche zugleich mit dem Goldquarz abgebaut werden und das zum Betriebe der Maschinen nötige Brennmaterial liefern.

Der Hauptort des Goldlandes an der Küstenstrecke Greymouth-Bruce Bay ist Hokitika. In der Umgebung dieser Stadt und die ganze Küste entlang wird Gold gewonnen. Dieses findet sich zum Teil in tertiären Geschieben, zum Teil in rezenten, fluviatilen Ablagerungen (Alluvium), und zum Teil im Meeressande am Strande. Die Ross United Goldmine bei Hokitika durchsetzt eine grosse Anzahl verschiedener Thon-, Sand- und Geröllllagen. Acht vollkommen getrennte von diesen Schichten sind goldführend. In den Flussthälern dieser Gegend, im Grey-, Teremakau-, Arahura- und Hokitika-Thale sowie in den Nebenthälern derselben werden die goldhaltigen, tertiären Flussablagerungen vielfach von den alten Moränen jener Gletscher bedeckt, die zur Glazialzeit in diesen Thälern endeten. In den rezenten Geschieben der Küstenflüsse dieses Gebietes sowie an den alten, eisenhaltigen Sand führenden Strandlinien zwischen dem Buller- nnd Hokitika-Flusse wird ebenfalls Gold in beträchtlicher Menge gewonnen. An dem ganzen Strande zwischen Cape Farewell und Preservation Inlet endlich kommt eisenhaltiger Sand vor, welcher Gold führt und — besonders nach heftigen Stürmen — an vielen Stellen mit Vorteil auf Gold verwaschen werden kann. Die Verteilung des Edelmetalles in diesem Sande ist eine sehr ungleichmässige. Erfahrene Goldwäscher finden ohne Schwierigkeit die Stellen, an denen der Goldreichtum am grössten ist. Es sind das zumeist Punkte, wo grössere Felsen aus dem Sande aufragen: am Fusse solcher Blöcke muss man suchen.

Das Goldfeld von Otago zerfällt in einen nördlichen und einen südwestlichen Teil. Beide liegen im Gebiete des Phyllites[1]): der nördliche in jenem mächtigen Streifen dieses Gesteins, welcher die Südinsel zwischen der Haast-Flussmündung und Dunedin quer von Nordwesten nach Südosten durchzieht; der südwestliche in jener kleineren Phyllitinsel, welche sich im Süden an den Granit des Fjordgebietes lehnt. In dem ersteren finden sich sehr zahlreiche linsen- und lamellenförmige Quarzeinlagerungen, welche diesen, von einigen dem Untersilur zugeteilten Schichten einen ganz eigenartigen Charakter verleihen. Die Quarzeinlagerungen haben eine Mächtigkeit von 1—100 cm. Wegen seines Reichtumes an solchem Quarz hat Rickard diesen Phyllit Quarzitschiefer genannt. Auch Hornblendeschiefer und Quarzite kommen dort vor. Die wenig gefalteten Schichten werden von quarzerfüllten Spaltengängen durchsetzt. Sowohl jene Quarzlinsen und -Lamellen, als auch diese Quarzgänge sind goldführend. Die wichtigsten Gänge finden sich bei Nenthorn, New Bendigo und Macetown sowie am Shotover-Flusse und am Skippers Bach. An mehreren Stellen liegen ganze Gruppen von Parallelgängen nebeneinander. In der Phönixgrube am Skippers-Bache ist eine solche Ganggruppe erschlossen worden. Die 1—3 m starken Gänge dieser Gruppe haben die merkwürdige Eigenschaft, dass sie abwechselnd anschwellen und dünner werden. In der Premier-Mine bei Macetown ist eine andere, aus drei Parallelgängen und einem Quergange bestehende Ganggruppe erschlossen. Hier sind die Gänge nur 40—50 cm breit. Noch schmäler sind die mulmigen quarzführenden Gänge in Nenthorn. Der Goldreichtum ist ein wechselnder, am grössten — 25—27 gr auf die Tonne — in der Phönixgrube. Eisenkies kommt in diesen Gängen in grösserer, Antimonglanz, Zinkblende und Bleiglanz nur in sehr geringer Menge vor.

Der Phyllit, in welchem der südwestliche Teil des Otago-Goldfeldes liegt, ist anderer Natur und vermutlich älter wie jener im Norden. Hier im Südwesten werden Quarzit, Sandstein, bituminöse, graphitische und braune Schiefer angetroffen. Wo diese Gesteine mit dem Granit, an den sie sich anlehnen, und der auch in Gängen in dieselben eindringt, in Berührung kommen, sind sie in kieselige Glimmerschiefer umgewandelt. Es lassen sich hier drei Zonen von

---

[1]) Schmeisser nennt das Gestein auf seiner geologischen Karte „krystallinischen Schiefer".

gangführendem Gestein unterscheiden: 1. die Zone zwischen der Klamm des Wilson-Flusses und der Kiwi-Flussmündung; 2. die Zone zwischen Cattle Cove und Preservation Inlet und 3. die Zone von Cavern Head und Coal Island. Im allgemeinen scheint hier das Gold zwar sehr weit verbreitet zu sein, aber überall nur in geringer Menge vorzukommen, so dass es besserer als der jetzt bekannten Goldgewinnungsmethoden bedarf, um diese Gebiete mit Erfolg bergmännisch ausbeuten zu können.

Besonders zu bemerken ist der Goldreichtum des Gerölles einiger der Flüsse im Gebiete des Otago-Goldfeldes. In mehreren von diesen wird Gold durch Baggern gewonnen. Es sind gegenwärtig über 100 Bagger dort in Thätigkeit.

Die zum Betriebe der Gruben, dann der Pochwerke u. s. w., in denen das Gold freigelegt wird, nötige Kraft wird zum Teil durch Dampfmaschinen, zum Teil durch fliessendes Wasser geliefert. Bei einer Reihe von Werken, wo Wasserkraft verwendet wird, bedient man sich der elektrischen Kraftübertragung.

Die ersten Goldfunde wurden in Neuseeland im Jahre 1852 gemacht und zwar von S. Ring auf der Coromandel-Halbinsel östlich vom Hauraki-Golfe. Diese Entdeckung hatte aber zunächst keine weiteren Folgen: zu einer Ausbeute des Hauraki-Goldfeldes kam es damals noch nicht. 1857 fand man dann Gold in Collingwood, im Norden der Südinsel, und hier wurde auch eine grössere Menge des edlen Metalles gewonnen. Allein auch diese Gruben entwickelten sich zunächst nicht weiter, weil die sesshafte, europäische Bevölkerung in Neuseeland damals an Zahl nur sehr gering war und weil alle goldsuchenden Abenteurer zu jener Zeit dem unvergleichlich reicheren Dorado in Victoria zuströmten. Im Mai 1861 entdeckte G. Read grössere Goldmengen in Tuapeka (Gabriels Gully) im südöstlichen Teile der Südinsel. Dies führte zur Einwanderung vieler Leute aus Australien, und es entwickelte sich hier in Tuapeka ein reges Goldgräbertreiben. Schon im nächsten Jahre (1862) wurden dort nahezu sechs Tonnen Gold gewonnen. In demselben Jahre wurde auch auf der Coromandel-Halbinsel, dann im Jahre 1865 in der Gegend von Hokitika an der Nordwestküste der Südinsel der Goldbergbau ernstlich in Angriff genommen, worauf dann in rascher Folge die übrigen neuseeländischen Goldfelder erschlossen wurden. Anfangs beschränkte man sich auf die Gewinnung des alluvialen Goldes aus den rezenten Flussablagerungen und dem eisenhaltigen Meeressande; später wurden die älteren, tertiären Seifen in

Angriff genommen und schliesslich das Gold aus seinen primären Lagerstätten, den Quarzgängen, hervorgeholt. Heutzutage ist die Goldgewinnung aus Seifen zurückgegangen, während sich die bergmännische Gewinnung aus den Quarzgängen immer weiter entwickelt. Nur insofern hat die Gewinnung des Goldes aus den Seifen neuerlich einen Aufschwung genommen, als man begonnen hat, dieses Gold mit Hilfe von Baggern aus den Flussbetten zu heben. Durch die Einführung der nassen Cyanmethode und die Verbesserung der Maschinen ist es in den letzten Jahren möglich geworden, auch minderwertige Erze mit finanziellem Erfolge zu verarbeiten und die reicheren Erze besser auszunützen als früher.

Aus der folgenden Tabelle ist die Quantität des in den Jahren 1857 bis 1897 in Neuseeland gewonnenen Goldes zu entnehmen:

Jahr	Tonnen (1000 Kilo)	Jahr	Tonnen (1000 Kilo)	Jahr	Tonnen (1000 Kilo)
1857	0.32	1871	22.70	1885	7.38
1858	0.45	1872	13.85	1886	7.06
1859	0.23	1873	15.71	1887	6.34
1860	0.14	1874	11.71	1888	6.26
1861	6.03	1875	11.05	1889	6.32
1862	12.78	1876	10.01	1890	6.01
1863	19.54	1877	11.56	1891	7.84
1864	14.93	1878	9.66	1892	7.40
1865	17.87	1879	8.94	1893	7.05
1866	22.87	1880	9.49	1894	6.89
1867	21.36	1881	8.42	1895	9.13
1868	19.82	1882	7.81	1896	8.20
1869	19.10	1883	7.63	1897	7.82
1870	16.94	1884	7.15		

Es wären demnach seit 1857 414 Tonnen Gold in Neuseeland gewonnen worden, da jedoch keineswegs alles aufgefundene Gold zur Kenntnis der Behörden und offiziellen Statistiker gelangt, kann man wohl annehmen, dass in den letzten 40 Jahren gegen 500 Tonnen des edlen Metalles in Neuseeland gehoben worden seien, welche einen Wert von rund 1300 Millionen Mark darstellen. Nimmt man die jetzige (europäische) Bevölkerung zu 800 000 an, so ergiebt sich, dass 625 gr Gold im Werte von 1625 Mark auf die Person kommen.

Auf den Silberreichtum mancher neuseeländischer Golderze ist oben schon hingewiesen worden. Besonders silberreich ist das Gold in Coromandel, Thames, Ohinemuri und Te Aroha. Ferner ist Silber auch zu Puhipuhi im Whangarei-Gebiete; auf der grossen Barrier-Insel, an der Wasserscheide zwischen dem Wangapeka und Owen-Flusse im Norden der Südinsel; in der Rangitoto-Kette an der Nordwestabdachung der neuseeländischen Alpen und im Preservation Inlet gefunden worden. Im ganzen sind bis Ende 1897 33 Tonnen Silber aus Neuseeland exportiert worden.

Kupfererze werden auf der grossen Barrier-Insel und den Kawau-Inseln, sowie im Aniseed-Thale im Norden der Südinsel gewonnen. Auch in den Fjorden der Nordwestküste (Dusky Sound, Preservation Inlet) sowie im Südosten (Waiporo und Moke Creek) der Südinsel sind solche gefunden worden. Nach den Berichten des Regierungsgeologen kommt Kupfer auch in Whangaroa und in der Arahuraklamm vor. Die Gesamtmenge des bis Ende 1897 aus Neuseeland exportierten Kupfers beträgt 1416 Tonnen.

Antimon kommt in Puhipuhi und der Inselbucht in der Nordinsel; in Endeavour Inlet, in der Nähe der Cookstrasse; am Taieri-Flusse bei Barewood, sowie in der Garrik-Kette im südlichen Teile der Südinsel vor. Auch ist Antimon zuweilen in den Reeftoner Gruben und anderwärts mit dem Golde vergesellschaftet. Früher wurden grössere Mengen dieses Metalles in den Werken am Endeavour Inlet gewonnen. Neuerlich ist jedoch diese Industrie zurückgegangen. Bis Ende 1897 sind 3668 Tonnen Antimon aus Neuseeland ausgeführt worden.

Zinnerz findet sich weit verbreitet in den Alluvionen der Stewart-Insel. In primärer Lagerung ist dort in den Remarkable-Bergen auch Wolfram gefunden worden. In grösserer Menge gewonnen wurden diese Metalle bisher jedoch nicht.

Manganerze werden an vielen Stellen in der Nordinsel angetroffen, in Waiheke, auf den Kawau-Inseln, in der Puera-Bucht, Helena-Bucht, Mangapai, Hikurangi-, Hawkes-Bai und Wellington. Auch im nördlichen Teile der Südinsel, bei Port Hardy auf der D'Urville-Insel, in den Malvern Hills in der Mitte der Südinsel und in Dunstan im Süden derselben, kommen sie vor. Bis Ende 1897 sind 18 578 Tonnen Mangan aus Neuseeland exportiert worden.

An sehr vielen Orten kommt Blei in Form von Bleiglanz, der sehr häufig silberhaltig ist, vor. Im Hauraki-Goldfelde findet es sich in den goldführenden Gängen und ist dort stets mit Zinkblende vergesellechaftet. Sehr reich an Bleiglanz sind auch die goldführenden Gänge von Wangapeka im Norden und von Mount Rangitoto im Nordwesten der Südinsel. Silberhaltiger Bleiglanz kommt ferner im äussersten Südwesten der Südinsel, im Preservation Inlet vor.

Eisen ist in der Südinsel ziemlich verbreitet. Bei Papara, Dunstan, Kamo und Tararu Creek findet sich Haematit. Sumpferz kommt im Spring Swamp im Nordwesten der Nordinsel vor. Brauneisenerz wurde in Raglan gefunden. Am westlichen Strande der Nord-, sowohl als der Südinsel werden grosse Mengen von magnetischem „Eisensand" angetroffen; auch an höhergelegenen, alten Strandlinien kommt solcher vor. Verwendet werden diese Erze zur Gewinnung von Eisen jedoch nicht, obwohl einige, wie das über 50% reines Eisen enthaltende Spring Swamp-Sumpferz, recht gut sind.

Quecksilber kommt als Zinnober in den rezenten Seifen von Waipori, Puhipui, Tui Creek und Waiorongomai vor. In Ohaeawai in der Inselbucht ist, in der Nähe einiger Heisswassertümpel auch metallisches Quecksilber gefunden worden. Bisher hat man jedoch noch nicht damit begonnen, Quecksilber im Grossen zu gewinnen.

Im Süden der Südinsel, am Wakatipu-See und anderwärts ist Scheelit gefunden und es sind 38 Tonnen davon ausgeführt worden. In früheren Jahren hat man auch in der Nähe des Aniseed-Thales und am Dunberge im Norden der Südinsel Chromerz gewonnen. Bis zum Jahre 1866 wurden 5756 Tonnen von demselben ausgeführt. Seither ruht jedoch dieser Bergbau.

Kohlen sind in Neuseeland sehr weit verbreitet. Im Jahre 1897 wurden 854 164 Tonnen Kohle in Neuseeland gewonnen. In den letzten 19 Jahren hat die Menge der gehobenen Kohle sehr stark zugenommen: im Jahre 1878 wurden bloss 164 813 Tonnen gewonnen. Das ist weniger als ein Fünftel der 1897 gehobenen Kohle. Die Kohlenausfuhr stieg von 3984 Tonnen im Jahre 1878 auf 39 919 in 1889, sank aber dann wieder und betrug im Jahre 1897 nur 27 065. Die Kohleneinfuhr betrug seit 1878 jährlich zwischen 100 000 und 180 000 Tonnen: die jährliche Menge schwankt. Es lässt sich weder eine Tendenz zur Ab- noch zur Zunahme derselben erkennen.

Schwarzkohlenflöze von beträchtlicher Mächtigkeit werden in Kawakawa in der Inselbucht in Whangarei und am Waikato, in der Nordinsel, dann am Grey River, am Mount Rochefort, in Malvern, auf der Greeninsel und im Cluthathale in der Südinsel abgebaut. Braunkohlen haben eine sehr weite Verbreitung im mittleren und südlichen Teile der Südinsel. Im ganzen sind bis Ende 1897 11 761 838 Tonnen Kohle in Neuseeland gehoben worden.

Die Kohlen, die man im östlichen Teile der Südinsel bekommt, sind von sehr schlechter Qualität, enthalten wenig Kohlenstoff, viel Asche und geben wenig Wärme. Besser sind im allgemeinen die Kohlen der Nordinsel. Die besten Kohlen Neuseelands sind jene der Nordwestabdachung der Alpen in der Südinsel. Aus der von Hector veröffentlichten Liste ergiebt sich, dass die von ihm untersuchten neuseeländischen Kohlen $34-85\%$ freien Kohlenstoff, $1-57\%$ Kohlenhydrate, $1-19\%$ Wasser und $1-21\%$ Asche enthalten.

Von anderen Mineralien ist an der Nordwestküste der Südinsel reiner Graphit in Marmor eingeschlossen gefunden worden. Unreiner Graphit kommt auch im Osten der Südinsel, in Malvern, Dunstan und an anderen Orten sowie in Pukawau und Kapuni in der Nordinsel vor. Verwertet wurden diese Vorkommnisse bisher jedoch noch nicht.

In den Tairua- und Ohine-muri-Thälern in der Colville-Halbinsel sind Opale; in Rimu an der Nordwestküste der Südinsel Rubine gefunden worden.

An mehreren Orten kommt Petroleum vor. Die Bohrungen, die gemacht wurden — einige davon sind 600 m tief — um grössere Mengen zu erschliessen, haben jedoch nicht den gewünschten Erfolg gehabt.

Schwefel findet sich in verschiedenen Teilen der Nordinsel. In der Nähe von Rotorua werden auch grössere Mengen davon gewonnen. Im Jahre 1897 wurden 1505 Tonnen Schwefel aus Neuseeland ausgeführt.

Zu den Mineralschätzen gehören auch die Mineralquellen, weshalb sie an dieser Stelle besprochen werden mögen.

Die wichtigsten Mineralquellen Neuseelands sind jene der Umgebung von Rotorua in der Nordinsel. Dort werden, in einem Gelände von über 2000 qkm Ausdehnung, unzählige Mineralquellen der verschiedensten Art in 300 bis 600 m Meereshöhe angetroffen. Die Temperatur dieser Quellen schwankt zwischen $+15°$ und $+100°$. In Bezug auf ihren Mineralgehalt werden sie von Hector in fünf Gruppen eingeteilt: 1. Soolen, welche hauptsächlich Natriumchlorid enthalten; 2. Alkalische, welche hauptsächlich Natrium- und Kalium-Carbonat, beziehungsweise Bicarbonat enthalten; 3. Alkalisch-kieselige, welche viel Kieselsäure enthalten, und an der Luft sehr rasch alkalisch werden; 4. Schwefelige, welche hauptsächlich Schwefelige Säure und Schwefelwasserstoff enthalten und 5. Sauere, welche einen beträchtlichen Überschuss von Schwefel- oder Salzsäure enthalten. Einige Quellen sind auch jodhaltig.

Zur Ausnützung der Heilkraft dieser Mineralwässer hat die Kolonialregierung im Mittelpunkte des Quellengebietes am Südufer des Rotorua-Sees ein grosses Sanatorium — Rotorua — errichtet. Es finden sich da alle erforderlichen Einrichtungen zur Stauung des Wassers der verschiedenen Quellen, zur Abkühlung des zu heissen Wassers, zum Baden u. s. w.

Die berühmteste und heilkräftigste von den dortigen Quellen ist Te Pupunitanga (Priest's Bad), eine sauere Schwefelquelle, welche Natriumsulfat, Aluminiumsulphat, Schwefelsäure und Kieselsäure in beträchtlicher, Kaliumsulphat, Calciumsulfat, Magnesiumsulphat, Eisensulphat, Salzsäure, Schwefelwasserstoff und Kohlensäure in geringerer Menge enthält. Die Temperatur dieser Quelle, die dicht am Strande liegt, schwankt, je nach dem Wasserstande des benachbarten Seeteiles, zwischen 35 und 41°. In den Büchern wird eine lange Reihe von Leiden von kalten Füssen bis Wassersucht angeführt, welche das Baden in dieser Quelle heilt. Jedenfalls wirkt das Wasser derselben sehr kräftig auf die Haut: dunkelrot wie gekochte Krebse entsteigen ihm die Badenden. Durch die Wechselwirkung des Schwefelwasserstoffes und der schwefligen Säure in diesem Wasser wird Schwefel ausgeschieden. Dieser sich im Status nascens befindende Schwefel dringt besonders leicht in die Hautporen ein. Es nimmt die Haut infolgedessen so viel Schwefel auf, dass noch mehrere Wochen nach vollendeter Kur die Leibwäsche, von der Haut aus, mit Schwefel imprägniert wird. Die mit dem Wasser dieser Quelle gespeisten Bäder sind in einem eigenen Pavillon untergebracht.

Ganz anders beschaffen ist die ebenfalls als sehr heilkräftig gerühmte Whangapipiro-Quelle (Rachels Bad), in welcher das Chlorid, das Silicat und das Sulphat von Natrium vorherrschen, deren Wasser alkalisch reagiert und eine Temperatur von 79° hat. Das Wasser dieser Quelle wird auch getrunken.

Andere berühmte Quellen in der Nähe von Rotorua sind Ornawhata, Cameron's Bad, Painkiller Bad, Kaffeetopf, Hinemaru.

Einige Kilometer entfernt sind die Bäder von Whakarewarewa, Turikore und Koroteoto. Das Wasser des ersteren ist schwefelreich, das des letzteren alkalisch.

Im Vergleich mit den bekannten europäischen Heilquellen zeigen diese neuseeländischen im allgemeinen einen viel geringeren Mineralgehalt: Die europäischen Quellen enthalten, im grossen und ganzen, siebenmal so viel Mineralbestandteile wie die neuseeländischen. Bemerkenswert ist in den neuseeländischen Mineralquellen im allgemeinen das Fehlen des Kalkes und der grosse Reichtum an Kieselsäure.

Schwer ist es, aus den übertriebenen, von den Interessenten über die Heilkraft dieser Quellen veröffentlichten Berichten das Wahre herauszufinden. Ich glaube aber, so viel sagen zu können, dass gewisse Hautkrankheiten wirklich durch das Baden in diesen Quellen gelindert oder auch geheilt werden können.

Da jetzt eine Eisenbahn nach Rotorua führt, ist es, wenn man sich überhaupt in Neuseeland befindet, leicht, dorthin zu gelangen. Jedenfalls ist die Gegend, wenn nicht schön, so doch sehr interessant. Das Schlimmste ist die Gefahr eines vulkanischen Ausbruches, der man dort stetig ausgesetzt ist. Die heissen Quellen, Geysir u. s. w. beweisen aufs deutlichste, dass die vulkanische Thätigkeit in jener Gegend nichts weniger als erloschen ist. Jeden Augenblick könnte eine ähnliche Eruption wie im Jahre 1886 erfolgen und die ganzen Badeanstalten von Rotorua ebenso verschlingen, wie damals im Jahre 1886 die Sinterterrassen von Rotomahana!

Der Besuch der Bäder ist im Aufschwung begriffen. Im Jahre 1896 wurden in Rotorua 33 158, in 1897 46 688 Bäder genommen.

Auch auf der Südinsel, in Hamer giebt es Mineralquellen, welche zu hygienischen Zwecken benützt werden.

Hamer liegt in einer etwa 400 m über dem Meere sich ausbreitenden, zum Waiaugebiete gehörigen Ebene auf jenem mesozoischen Streifen, welcher sich im nördlichen Teile der Südinsel zwischen den paläozoischen Bergketten einschiebt. Die Quellen sind Thermen und die Bäder so eingerichtet, dass ihre Temperatur nach Belieben innerhalb der Grenzen von 30° und 46° reguliert werden kann. Das Wasser ist reich an Kochsalz und enthält auch eine beträchtliche Menge schwefelsauren Natrons und anderer Salze.

4. Industrie.

Die Industrie beschäftigt sich: 1) mit der Herrichtung der im Lande erzeugten Rohprodukte zum Export, und 2) mit der Herstellung der gewöhnlichen im Lande selbst gebrauchten Dinge. Die wichtigsten der zur ersten Kategorie gehörigen Industriezweige sind, von den Mineralprodukten abgesehen, die Fleischkonservierung, Talg-, Haut-, Knochenmehl-, Tieröl-, Butter- und Käsebereitung. Der grösste Teil des zur Konservierung bestimmten Fleisches wird gefroren und dann in diesem Zustande nach England verschifft. Etwas wird auch eingesalzen, geselcht, und in Blechbüchsen konserviert. Neuerlich hat man ferner mit Erfolg blos gekühltes (nicht hart gefrorenes) Fleisch bei ungefähr 0° Temperatur nach Europa geschickt. Auch Butter und Käse werden in gefrorenem beziehungsweise gekühltem Zustande versandt. Im Jahre 1895 gab es 43 Fleischgefrieranstalten, in welchen 2 362 535 Stück Schafe und Lämmer und 534 t Rindfleisch gefroren und 353 t Rindfleisch „gekühlt" wurden. Ausserdem wurden 2270 t Fleisch und 832 t Fische auf andere Weise (s. o.) konserviert; 11 133 t Talg, 3282 t Knochenmehl, 684 hl Tieröl, 5150 t Butter und 4392 t Käse erzeugt, 1 011 423 Häute gegerbt und 1 418 792 Felle zubereitet.

Die grösste Zukunft scheint die Milchwirtschaft, namentlich auf der Nordinsel, zu haben. Es gab 1895 105 Sahneanstalten (84 auf der Nord- und 21 auf der Südinsel), welche ihre Produkte an 170 Butter- und Käseanstalten abgaben. Von 1890 bis 1895 hat sich die Menge des erzeugten Käses verdoppelt.

Zweite Kategorie. Die Mühlenindustrie ist seit 1890 bis 1895 infolge der Verringerung des Getreidebaues bedeutend zurückgegangen die Bisquiterzeugung ergab im letzteren Jahre eine Brutto-Einnahme von nahezu 2.5 Mill. Mark. Obst wurde 1895 in 22 Anstalten konserviert, Bier in 85 Brauereien gebraut (246 397 hl). Zur Erzeugung des Bieres wird sehr viel Rohrzucker — 4 Kilo auf das Hektoliter — verwendet. Quantitativ ist ein Fortschritt in der Weinproduktion zu bemerken; 1895 wurden 720 hl erzeugt. Die Fabrikation von Sodawasser und künstlichen Mineralwässern ist bedeutend. Im Jahre 1895 wurden 4231 t Seife erzeugt. Sägemühlen gab es 299, besonders im Norden (Provinz Auckland) wird eine bedeutende Holzindustrie angetroffen. 27 Gaswerke erzeugten (1895) 15 Mill. kbm Gas, 15 691 hl Theer und 17 616 t Coaks. Ziegel und Drainageröhren werden in grossen Mengen erzeugt, feinere Töpferwaren dagegen nicht. Weiterhin werden gewöhnliche Metallwaren hergestellt. Die Buchdruckerei ist im Aufschwung begriffen, 1895 gab es 154 Druckereien. Gewöhnlichere Wagen, Sättel, Kleider und Schuhe werden im Lande hergestellt, feinere Artikel dagegen grösstenteils eingeführt. Die Phormiumfasererzeugung hat von 1890 bis 1895 bedeutend abgenommen, im letzteren Jahre wurden 412 t hergestellt. Wollspinnerei und -Weberei sind im Aufschwung begriffen, 1895 war das Bruttoerträgnis derselben fast 6.2 Mill. Mk. Schiffbau und Segelerzeugung sind von 1890 bis 1895 zurückgegangen.

Der Industriebetrieb.

Industriezweig	Zahl der Arbeiter	Bruttoertrag Mark
Erzeugung von Kleidung und Schuhen	4407	12 569 233
Sägemühlen, Thür- und Fenstererzeugung	4059	16 335 666
Druckerei	2351	7 938 129
Fleischkonservierung	2037	33 706 410
Metallarbeiten	1642	6 177 426
Gerberei und Wollputzerei	1629	25 239 941
Wollspinnerei und Weberei	1416	6 169 429
Wagnerei und Lackiererei	807	3 038 967
Phormiumspinnerei	647	663 538
Erzeugung landwirtschaftlicher Geräte	581	2 081 902
Butter- und Käsefabrikation	576	10 225 990
Brauerei	560	8 544 132
Möbelfabrikation	496	1 740 671
Ziegelei und Töpferei	455	1 349 256
Bisquiterzeugung	425	2 427 172
Getreidemühlen	419	17 842 962
Sodawasserfabrikation	347	2 011 624
Gaserzeugung	295	3 860 110
Spenglerei, Zinnarbeit	289	1 299 949
Sattlerei	266	1 300 194
Häckselerzeugung	212	1 601 339
Obstkonservierung	193	736 603
Seifensiederei und Kerzenfabrikation	190	3 106 879
Zuckerraffinerie	160	unter 200 000
Seilerei	150	1 068 960
Segel-, Zelt- und Theerdeckenerzeugung	143	615 386
Strumpfwirkerei	133	190 883
Fahrraderzeugung	125	383 867
Selcherei	123	1 754 849
Zündhölzchenfabrikation	121	unter 200 000
Gewürzerzeugung	119	1 516 516
Chemische Fabriken	114	1 536 528
Schiffbau	108	514 753
Erzeugung von wasserdichten Stoffen	93	456 022
Bürsten- und Besenbinderei	92	476 605
Dachrinnenerzeugung	90	484 745
Munitionserzeugung	90	unter 200 000
Cartandelerzeugung	86	unter 200 000
Papierfabrikation	84	unter 200 000
Erzeugung von Holzgeräten	81	372 830
Kalk- und Zementerzeugung	79	323 972
Korbflechterei	76	243 168
Fassbinderei	76	392 353
Fischkonservierung	75	209 957

Industriezweig	Zahl der Arbeiter	Bruttoertrag Mark
Hutfabrikation	72	222 401
Zuckerbäckerei	69	677 994
Sauce- und Pickelerzeugung	68	273 707
Färberei	58	unter 200 000
Wursthaut- und Saitenerzeugung	56	274 829
Weinkellerei	53	unter 200 000
Knochenmühlen	46	249 818
Vorhangerzeugung	45	201 511
Kaninchenkonservierung	32	unter 200 000
Verschiedene Industrieen mit weniger als 30 Arbeitern	353	
Verschiedene Industrieen mit weniger als 200 000 Mark Bruttoertrag		10 196 960
Zusammen . .	27 389	194 806 944

VIII. Handel und Verkehr.

Die geographische Lage Neuseelands mitten im Weltmeere, den Kulturländern von Mittel- und Westeuropa nahezu antipodisch gegenüber, bedingt es, dass diese Inselgruppe von den Mittelpunkten des europäischen Handels aus nur mit grossen Schiffen erreichbar ist.

Da, wie erwähnt, Neuseeland den Zentren des europäischen Weltverkehres nahezu gegenüberliegt, wäre jede einem „grössten" durch Westeuropa gehenden „Kreis" folgende Route ein nahezu gleich naher Weg dahin. Es ist aber nicht möglich, irgend einem von diesen grössten Kreisen zu folgen, weil alle durch unwegsame Landmassen oder durch das antarktische Eis gehen: den länderkreuzenden Eisenbahnen und offenen Meeresteilen folgend, müssen die Verkehrslinien erheblich von jenen grössten Kreisen, welche die nächsten Wege wären, abweichen. Am geringsten dürfte diese Abweichung auf dem Wege London (überland)-Brindisi (oder Neapel)-Suezkanal-Aden-Südküste von Australien-Neuseeland sein. Die Dampfer des Norddeutschen Lloyd, der Peninsular und Oriental, der Orient und der Messagerie-Maritime-Linie fahren, die ersteren von Bremerhaven, beziehungsweise London und Portsmouth über den Golf von Biskaya und durch die Strasse von Gibraltar, die letzteren direkt von Marseille nach Port Said und durch den Suezkanal nach Suez. Hier erst oder früher schon nehmen sie die Passagiere und die Post, welche den kürzeren Landweg über Brindisi oder Neapel genommen haben, auf. Diese Dampfer verkehren dreimal in vierzehn Tagen über Aden und Ceylon zwischen Westeuropa und der Süd- und Südostküste von Australien. Die Post wird in Adelaide an der australischen Südküste ausgeladen und über Land weiter befördert. Die Dampfer selbst fahren bis Sydney an der Ostküste und von hier auf demselben Wege zurück. Zwischen

Sydney und Neuseeland wird der Verkehr durch häufig fahrende Kolonialdampfer vermittelt. Als eine Variante dieser Routen kann jene der Eastern und Australian-Dampfer angesehen werden, welche Australien im Norden umschiffen. Etwas weitere Wege sind die von Westeuropa über Kanada (Canadian Pacific-Eisenbahn), Vancouver und die Hawaii-Inseln, sowie über die Vereinigten Staaten (U. S. Pacific-Eisenbahn), San Franzisko und Hawaii-Inseln nach Neuseeland. Auf diesen Routen verkehren zwei Dampfer alle vier Wochen. Die weiteste Route endlich ist jene, welche die Dampfer der „New Zealand Shipping Company" einschlagen. Diese Dampfer fahren von Neuseeland durch die Magellans-Strasse nach England und von England um das Kap der guten Hoffnung herum nach Neuseeland. Die Reisezeit von Neuseeland nach London schwankt zwischen 30 und 45 Tagen.

Die Post geht auf den Routen über Italien sowohl als über Nordamerika, welche die raschesten sind. Frachtstücke kann man auf diesen Wegen nicht senden, weil die mehrfachen Umladungen und Landtransporte, die auf denselben nötig sind, zu kostspielig wären. Für Frachten kommen die Dampferrouten Neuseeland-Australien-Sueskanal-Gibraltar-Westeuropa, sowie namentlich auch jene um das Kap der guten Hoffnung und durch die Magellans-Strasse in Betracht. Die gefroren und gekühlt exportierten Rohprodukte werden mit den Dampfern der „New Zealand Shipping Company" durch die Magellans-Strasse nach Europa gebracht.

Im Jahre 1897 kamen 600 Schiffe mit einem Gesamtgehalte von 697889 Tonnen und einer Bemannung von 21542 Personen von auswärts nach Neuseeland, während 587 Schiffe mit einem Gesamtgehalte von 686139 Tonnen und einer Bemannung von 21409 Personen Neuseeland verliessen. Wie sich dieser äussere Verkehr auf die anderen Kolonieen, Grossbritannien und die übrigen Länder verteilt, ist aus der folgenden Tabelle ersichtlich.

Auswärtiger Verkehr im Jahre 1897

mit	Zahl der Schiffe		Tonnengehalt		Bemannung	
	von auswärts	nach auswärts	von auswärts	nach auswärts	von auswärts	nach auswärts
Australien . . .	395	378	346 246	332 301	13 138	12 881
Grossbritannien.	133	140	280 436	284 713	6 086	6 240
Andere Länder .	72	69	71 207	69 125	2 318	2 288
	600	587	697 889	686 139	21 542	21 409

In den letzten zehn Jahren 1888—1897 war der Verkehr von und nach auswärts ein sehr schwankender und nichts weniger als ein stetig zunehmender. Die grösste Zahl der aus- und eingehenden Schiffe (762 aus und 781 ein) wurde im Jahre 1889 verzeichnet; die grössten Tonnengehalte in den Jahren 1892 und 1897.

Die reiche Küstenentwicklung der beiden Inseln, die zahlreichen guten natürlichen Häfen sowie die künstlichen Hafenbauten an Stellen, wo erstere fehlen, haben eine grosse Entwicklung der Küstenschiffahrt ermöglicht. Dies ergiebt sich aus folgender Tabelle:

Küstenverkehr.

Zahl der Schiffe				Tonnengehalt			
Ankunft		Abfahrt		Ankunft		Abfahrt	
Segelsch.	Dampfer	Segelsch.	Dampfer	Segelschiffe	Dampfer	Segelschiffe	Dampfer
4522	15 746	4472	15 606	299 005	5 251 681	300 832	5 232 456

Der regste Küstenverkehr geht der Südostküste und Südküste der Südinsel und den Küsten der Nordinsel entlang. An der Nordwestküste der Südinsel, namentlich im südlichen Teile derselben, ist der Verkehr ein sehr geringer.

Im Inneren des Landes vermitteln Strassen und Eisenbahnen den Verkehr. Die Flüsse sind im allgemeinen zu wenig wasserreich und zu reissend, um die Flussschiffahrt zu ermöglichen. Zudem ist der Wasserstand der allermeisten von ihnen ein sehr schwankender. Kanalbauten giebt es nicht. Die Schiffahrt auf den Seen hat eigentlich nur touristische Bedeutung.

Die Eisenbahnen und Strassen sind natürlich den Terrainverhältnissen angepasst und meiden das Hochgebirge. Die wichtigsten Eisenbahnen sind: in der Südinsel die im allgemeinen der Südostküste folgende Strecke Orepuki-Invercargill-Dunedin-Timaru-Christchurch-Culverden und in der Nordinsel die den südlichen Teil derselben durchquerende Strecke Napier-Palmerston-Wanganui-Patea-Waitara. Von der erstgenannten Strecke Orepuki-Culverden zweigen zahlreiche Bahnen landeinwärts nach Nordwesten ab. Die bedeutendsten von diesen sind Invercargill-Kingston am Wakatipu-See, Dunedin-Hyde, Pukeuri-Hakateramea, Timaru-Fairley Creek und Christchurch-Otarama. Die wichtigste Zweiglinie der Bahnstrecke Napier-Waitara in der Nordinsel ist die Linie Palmerston-

Wellington. Ausser diesen beiden Hauptbahnsystemen haben wir noch eine von Nelson an der Nordküste nach Hokitika an der Nordwestküste der Südinsel führende Bahn sowie die Bahnlinie Watemata-Auckland-Mokau mit einer Zweiglinie nach Rotorua nebst einigen kleineren Lokalbahnen.

Im Frühling 1898 waren in Neuseeland 3375 km Eisenbahnen in Betrieb. Die allermeisten Bahnen sind Staatsbahnen; nur wenige, kleine Strecken gehören Privatgesellschaften.

In den reicher bevölkerten, weniger unebenen Teilen des Landes sind die Strassen gut und ziemlich zahlreich. Hier bieten nur die Gebirgsflüsse dem Strassenbau grössere Hindernisse, und vielfach werden dieselben nicht auf Brücken, sondern in Furten übersetzt. Eine Strasse führt über Bealey von der Ost- zur Westküste. Das ist die einzige gute Strasse, welche den mittleren und südlichen Teil der Hauptwasserscheide der Südinsel übersetzt. Abgesehen von dieser sind die Gebirgsstrassen sehr schlecht, es wird aber fleissig an ihrer Verbesserung und an der Herstellung besserer Verbindungen über das Gebirge, namentlich im Haast-Thale, gearbeitet.

Der Verkehr auf den Eisenbahnen und Strassen ist ein ziemlich reger. Auf den Staatsbahnen allein wurden im Jahre 1897 4 672 264 einfache Karten und 48 600 Saisonfahrkarten ausgegeben. Das zur Herstellung der neuseeländischen Eisenbahnen verwendete Kapital verzinst sich mit mehr als 3 %.

Post und Telegraph. Neuseeland besass im Jahre 1897 1524 Postämter. In denselben wurden 32 272 923 Briefe, 757 172 Kartenbriefe, 1 341 821 Korrespondenzkarten, 14 627 832 Bücher- und Mustersendungen, 14 261 345 Zeitungen und 197 554 Packete aufgegeben. In den letzten fünf Jahren hat der Postverkehr im allgemeinen rascher als die Bevölkerung zugenommen. 1893 wurden auf den Kopf der Bevölkerung 65; 1894: 63; 1895: 67; 1896: 73 und 1897: 76 Sendungen aufgegeben.

Die auswärtige Post kostete an Subventionen für Dampferlinien und Ausgaben für den Überlandtransport in Australien, Europa, und Amerika, im Jahre 1897 605 823 Mark. Die Zeit, welche Postsendungen durchschnittlich von London nach Wellington, der Hauptstadt, brauchten, betrug im Jahre 1897 auf dem Wege über San Franzisko 34 und auf dem Wege durch das Rote Meer 41 Tage.

Im Jahre 1898 gab es in Neuseeland 10 432 km Telegraphenleitung, und ausserdem ist Neuseeland durch Kabel mit Australien und dem Weltnetze verbunden. Im Jahre 1897 wurden 2696233 telegraphische Depeschen gesandt. Es gab 1898 18 Telephonzentralstellen und 5787 Telephone.

Handel. Im Jahre 1897 wurden Waren im Werte von 164326549 Mark nach Neuseeland eingeführt. Im Laufe der letzten zehn Jahre (1888—1897) hat sich der Wert der jedes Jahr eingeführten Gegenstände zwischen 120 und 165 Millionen Mark gehalten und er weist, von einzelnen Schwankungen abgesehen, eine stetige Zunahme auf. Die oben angeführten Zahlen beziehen sich auf die Importwerte einschliesslich des gemünzten Goldes. Schliesst man dieses aus, so erlangt man andere, kleinere Werte, für 1897 insbesondere 162081700 Mark. Die Importwerte (ohne geprägtes Gold) für die letzten fünf Jahre von 1892 bis 1897 zeigten von 1892 auf 1893 eine Abnahme um $3.68^0/_0$; von 1893 auf 1894 eine Abnahme um $7.76^0/_0$; von 1894 auf 1895 eine Zunahme um $2.10^0/_0$; von 1895 auf 1896 eine Zunahme um $15.03^0/_0$ und von 1896 auf 1897 eine Zunahme von $13.63^0/_0$.

Auf die verschiedenen Arten von eingeführten Gegenständen entfallen auf:

```
Kleidungsstücke und Verwandtes . . . . . . . . . 39 349 478 Mark
Metallwaren, Maschinen und Werkzeuge  . . . . 28 684 664   „
Thee und Zucker . . . . . . . . . . . . . . . 11 255 843   „
Alkoholische Getränke und Tabak  . . . . . . .  8 834 200   „
Papier und Bücher . . . . . . . . . . . . . .   6 881 654   „
Andre Artikel (mit Ausschluss von geprägtem Gold) 68 075 860   „
```

Von den importierten Werten stammten ungefähr zwei Drittteile, 110011855 Mark, aus Grossbritannien. Dann folgen Australien mit $^1/_8$, die Vereinigten Staaten von Nordamerika mit $^1/_{14}$, Indien mit $^1/_{40}$ und Deutschland (3849020 Mark) mit $^1/_{43}$. Die Einfuhr von allen anderen Ländern, mit Ausnahme von Kanada, machte weniger als 1 Million Mark aus. Es geben diese Zahlen aber insofern ein unrichtiges Bild, als sich dieselben auf den ersten bekannten Verfrachtungsort und nicht auf den wirklichen Ursprungsort beziehen. Wenn nun auch viele Artikel wirklich von dort stammen, von wo sie — soweit den neuseeländischen Zollbeamten bekannt — versandt wurden, so werden doch auch viele aus anderen Ländern stammen: gewiss sind nicht alle als in London verfrachtete Artikel grossbritannische Erzeugnisse; und auch von Belgien und Holland wird wahrscheinlich vieles verschifft, was nicht in diesen Ländern erzeugt ist. Im allgemeinen können wir annehmen, dass mehr in Deutschland, Österreich und der Schweiz erzeugte und weniger in England, Holland und Belgien erzeugte Gegenstände, als in den Listen angegeben ist, nach Neuseeland eingeführt werden.

Obwohl die Einfuhr von 1896 auf 1897 im ganzen zugenommen hat, so sind doch bei dieser Zunahme die verschiedenen Länder in sehr verschiedenem Masse beteiligt, und es giebt nicht wenige, bei denen eine Abnahme der nach Neuseeland gesandten Produkte zu beobachten ist. Die grösste relative Abnahme zeigt die Einfuhr aus der Schweiz, die grösste absolute die Einfuhr aus der australischen Kolonie Victoria. Ferner hat die Einfuhr aus allen übrigen australischen Kolonieen, aus den pazifischen Inseln, Frankreich, Italien und Norwegen und einigen anderen Ländern abgenommen. Die grösste relative Zunahme hat die Einfuhr aus Österreich, die grösste absolute Zunahme die Einfuhr aus Grossbritannien erfahren. Eine sehr bedeutende Zunahme hat auch der Import aus Deutschland und Kanada aufzuweisen. Geringere relative Zunahmen sind bei Nordamerika, Indien, Belgien, Schweden und anderen Ländern zu bemerken.

Die grösste Zunahme der Einfuhr ist in den Häfen der Nordinsel zu verzeichnen. Die Zunahme der Einfuhr der Südinsel war geringer. Während früher der Import der Südinsel bedeutender als der Import der Nordinsel war, ist jetzt umgekehrt die Einfuhr in die letztere grösser als in die erstere.

Der Wert der im Jahre 1897 von Neuseeland exportierten heimischen Produkte betrug 195 763 847 Mark. Dazu kommen noch nicht in Neuseeland selbst erzeugte Ausfuhrartikel im Werte von 8 582 810 Mark. Die wichtigsten neuseeländischen Ausfuhrartikel sind Wolle, Gold, gefrorenes und gekühltes Fleisch, Butter und Käse, andere landwirtschaftliche Produkte und Kauriharz. Es wurden im Jahre 1897 exportiert:

Wolle im Werte von	90 640 138 Mark
Gold	19 996 162 „
Gefrorenes und gepökeltes Fleisch	31 952 234 „
Butter und Käse	11 283 689 „
Andere landwirtschaftliche Produkte	10 101 560 „
Kaninchen	8 119 404 „

In den letzten zehn Jahren hat die Wollenausfuhr eine mässige Zunahme erfahren. Die Goldausfuhr war in diesem Zeitraume zwar Schwankungen unterworfen, ist aber im grossen und ganzen doch ziemlich gleich geblieben. Die Fleischausfuhr hat beträchtlich zugenommen, noch mehr die Ausfuhr von Butter und Käse, welche sich seit 1888 nahezu verdreifacht hat. Der Export anderer landwirtschaftlicher Produkte — es handelt sich da hauptsächlich um Getreide, besonders Weizen — dagegen hat sehr stark abgenommen und betrug 1897 beiläufig halb soviel wie 1888. Die Abnahme im Export dieser Erzeugnisse ist grösser als die Zunahme der Butter- und Käseausfuhr. Die Ausfuhr von Kauriharz ist eher in Abnahme als in Zunahme begriffen.

Die Nordinsel hat im Jahre 1897 auch in Bezug auf die Menge der Ausfuhr die Südinsel überflügelt.

IX. Kultur.

1. Religion und Kirche.

Die Zahlen der den verschiedenen Religionsformen angehörigen Personen im Jahre 1896 sind aus folgender Tabelle zu entnehmen:

Anglikaner	282 809;	40.27 %	(im Jahre 1866	40.17 %)
Presbyterianer	159 592;	22.78 %	(„ „ „	22.59 %)
Katholiken	98 804;	14.07 %	(„ „ „	13.94 %)
Methodisten	73 367;	10.44 %	(„ „ „	9.55 %)
Baptisten	16 037;	2.28 %	(„ „ „	2.48 %)
Verweigern Aussage	15 967;	2.27 %	(„ „ „	3.44 %)
Andere Protestanten	15 194;	2.16 %	(„ „ „	1.55 %)
Heilsarmee	10 532;	1.50 %	(„ „ „	0.91 %)
Konfessionslos	8 535;	1.22 %	(„ „ „	1.05 %)
Kongregationsunabhängige	6 777;	0.97 %	(„ „ „	1.35 %)
Lutheraner	5 538;	0.79 %	(„ „ „	1.02 %)
Buddhisten	3 391;	0.48 %	(„ „ „	0.77 %)
Ohne Religion	1 875;	0.27 %	(„ „ „	0.17 %)
Juden	1 549;	0.22 %	(„ „ „	0.27 %)
Andre Konfessionen	1 911;	0.28 %	(„ „ „	0.74 %)

Wie in den anderen Ländern, in denen der englische Geschmack der maassgebende ist, wird auch in Neuseeland — und hier vielleicht ganz besonders — sehr viel Wert auf äusserliche Beachtung der Religionsformen gelegt. Wer Sonntags nicht in die Kirche geht, an diesem Tage arbeitet, sich unterhält, oder auch nur ein anderes als ein Gebetbuch liest, ist verpönt. Alle Wirtshäuser, Theater und sonstigen Vergnügungsorte sind Sonntags geschlossen, wer Karten spielt oder Rad fährt, wird eingesperrt. Die Sonntagsruhe wird derart eingehalten, dass es unmöglich ist, am Sonntag-

Abend etwas zu essen zu bekommen: man muss sich mit Konserven, Spirituslampe und dergleichen ausrüsten wie zu einer Urwaldexpedition, wenn man ein Nachtessen haben will. — Neuseeland ist ja sonst ein ganz angenehmer Aufenthaltsort — aber diese frömmelnde und durchaus heuchlerische, englische Art, den Sonntag zu verbringen, muss einem Nichtengländer das Leben dort verleiden.

Es giebt in Neuseeland keine Staatskirche und der Staat trägt gegenwärtig nichts zur Erhaltung der Kirchen und der Priester bei, nur in den ersten Zeiten der Kolonie sind von der Regierung einige Landstrecken den Kirchen geschenkt worden. In neuerer Zeit ist solches nicht mehr vorgekommen.

Die anglikanische Kirche zählt sechs Bischöfe. Derjenige von ihnen, welcher in Auckland seinen Sitz hat, ist der Primat. Die übrigen fünf anglikanischen Bischofssitze sind Waiapu, Wellington, Nelson, Christchurch und Dunedin.

Ausser diesen ist dem Primaten in Auckland auch der anglikanische Bischof von Melanesien unterstellt.

Die katholische Kirche zählt einen Erzbischof und Metropoliten mit dem Sitze in Wellington und drei Bischöfe mit Sitzen in Auckland, Christchurch und Dunedin.

Die anglikanische Kirche in Neuseeland ist in sechs Diöcesen, deren Mittelpunkte die oben genannten sechs Bischofs-Sitze sind, geteilt. In jeder von diesen Diöcesen wird jährlich eine Lokalsynode abgehalten und ausserdem findet jedes dritte Jahr — abwechselnd in den sechs Diöcesen — eine allgemeine Synode statt. Katholischer Diöcesen giebt es drei, Auckland, Christchurch und Dunedin. Auch in diesen werden alljährlich Kirchenversammlungen abgehalten. Die „presbyterianische Kirche von Neuseeland" hält abwechselnd in Auckland, Wellington und Christchurch ihre Jahresversammlungen ab, während die „presbyterianische Kirche von Otago und Südland" sich jedes Jahr in Dunedin versammelt. Jede von diesen beiden presbyterianischen Kirchen hat einen eigenen „Moderator". Die Methodisten bilden zwei Gruppen, die „Wesleyanische Methodistenkirche" und die „Primitiven Methodisten", welche unter verschiedenen Präsidenten stehen und getrennte Jahresversammlungen abhalten. Die baptistische Vereinigung von Neuseeland steht unter einem Präsidenten, welcher seinen Sitz in Wellington hat.

Die Zahlen der von den verschiedenen Konfessionen im Jahre 1896 in Neuseeland benützten Kirchen und Bethäuser sind aus der folgenden Tabelle ersichtlich.

Konfessionen	Kirchen	Andere als Bethäuser benutzte Bauten
Anglikanische	414	138
Katholische	213	15
Presbyterianische	301	197
Methodisten	296	101
Baptisten	34	2
Heilsarmee	61	40
Andre	112	63
Zusammen	1431	556

Die Zahl der Kirchen hat sich in den fünf Jahren von 1891 bis 1896 um 234 vermehrt, und viele von den älteren Kirchen sind vergrössert worden. Der Fassungsraum aller Kirchen ist von 278 114 im Jahre 1891 auf 334 509 im Jahre 1896 gestiegen. Das ist eine Zunahme um 20·3 %. Der Kirchenbesuch ist in dieser Zeit von 177 055 Personen auf 209 731 Personen, das ist um 18·5 % gestiegen. Die europäische Bevölkerung hat im selben Zeitraum in Neuseeland um 12·6 % zugenommen. Es ergiebt sich hieraus, dass der Kirchenbau und der Kirchenbesuch während dieser Zeit nicht nur absolut, sondern auch relativ, im Vergleich mit der Bevölkerung zugenommen haben.

2. Schulwesen.

Im Jahre 1896 konnte in Neuseeland 80·60 % der Gesamtbevölkerung lesen und schreiben, 2·89 % bloss lesen und nicht schreiben, und 16·51 % weder lesen noch schreiben. Zehn Jahre früher, im Jahre 1886 betrug der Prozentsatz der Illitteraten noch 21·19 %. Die Zunahme an Bildung in diesem Zeitraume war beim weiblichen Geschlechte eine grössere als beim männlichen. Hierdurch ist der Unterschied zwischen den Geschlechtern in Bezug auf Lese- und Schreibfähigkeit, welcher im Jahre 1886 2·04 % betrug, auf 0·60 % im Jahre 1896 herabgesetzt worden. Der allergrösste Teil der Illitteraten sind ältere Personen. Von den in einem Alter von 10 bis 15 Jahren stehenden Mädchen und Knaben konnten im Jahre 1896 98·73 % lesen und schreiben und 0·62 nur lesen.

Öffentliche Volksschulen für Europäer gab es im Jahre 1896 1533. An diesen waren 3515 Lehrer beschäftigt, und sie wurden von 120 014 europäischen Kindern besucht. Die Zahl der elementaren Privatschulen für Europäer betrug in diesem Jahre 283 mit

728 Lehrern und 13947 Schülern. Ausserdem sind noch eine Schule für Taubstumme mit 5 Lehrern und 48 Schülern und eine Schule für Blinde mit 4 Lehrern und 30 Schülern zu erwähnen.

Öffentliche Volksschulen für Maoris gab es im Jahre 1896 74 mit 136 Lehrern und 2459 Schülern; Privatschulen für die Eingeborenen 7 mit 16 Lehrern mit 275 Schülern. Ausserdem besuchten noch 1118 Maorikinder die oben erwähnten Volksschulen für Europäer.

Alle Kinder im Alter von 7 bis 13 Jahren, mit Ausnahme von solchen, welche anderweitig hinreichenden Unterricht geniessen, müssen diese Schulen besuchen. Der Unterricht ist unentgeltlich, und es wird in den Schulen Lesen, Schreiben, Rechnen, Englische Grammatik, Geographie, Geschichte, Naturgeschichte, Zeichnen und Singen gelehrt. Die Knaben müssen auch militärisch exercieren, die Mädchen nähen lernen.

Die öffentlichen Volksschulen sind nicht konfessionell. Die meisten Privatvolksschulen sind konfessionelle, von den betreffenden Kirchen erhaltene Lehranstalten.

Im allgemeinen wird für den elementaren Unterricht in Neuseeland in befriedigender Weise gesorgt; eigentliche Mittelschulen in unserem Sinne giebt es dagegen in Neuseeland ebenso wenig wie in England selbst. An ihrer Stelle haben wir verschiedene „Grammar"- und Gewerbeschulen. Die Grammarschulen, die unser Gymnasium ersetzen sollen, sind im allgemeinen Privatschulen, in denen die Schüler nur für gewisse Prüfungen gedrillt, aber nicht, in unserem deutschen Sinne, erzogen und unterrichtet werden. Solche Grammarschulen giebt es in allen grösseren Städten. Die Gewerbeschulen (technical Colleges) werden grösstenteils von der Regierung unterhalten, sie sind billiger und besser als die Grammarschulen. Die wichtigsten von diesen, in denen die Schüler auch für die Hochschule vorbereitet werden, sind die School of Engenering and Technical Science in Christchurch mit (1896) 86 Schülern; und das Agricultural College in Lincoln (Canterbury) mit (1896) 43 Schülern. Abgesehen von diesen und wenigen anderen, wirklichen Schulen artet die ganze Technical Education aber immer mehr in Abendvorlesungen für Erwachsene aus. Wie vorteilhaft das Hören solcher Vorlesungen — ich kenne ihre Erfolge, denn ich habe selbst sehr viele in den australischen Kolonieen gehalten — auch sein mag, so können sie doch niemals den systematischen Unterricht junger, eben aus der Volksschule hervorgegangener Leute ersetzen. Jene Grammar- und diese Gewerbeschulen werden zusammen mit den höheren Töchterschulen als „Secondary Schools" bezeichnet. Es gab in 1896 24 solcher Lehranstalten mit 181 Lehrern und 2614 Schülern.

Hochschulen. In Neuseeland besteht eine sogenannte Universität, die „University of New Zealand". Das ist aber keine Lehranstalt, sondern, wie die „University of London" bisher war, nur eine Prüfungskommission, welche etwaige, irgendwo vorgebildete Kandidaten prüft und ihnen Zeugnisse, Doktordiplome u. s. w. ausstellt. In gewissem Sinne mit dieser „University" associiert sind die folgenden drei Hochschulen: Auckland University College in Auckland, Canterbury-College in Christchurch und University of Otago in Dunedin.

Das Auckland-University College hatte (1896) 6 Professoren, 74 ordentliche und 153 ausserordentliche Hörer; das Canterbury-College 6 Professoren, 4 Lektoren, 150 ordentliche und 66 ausserordentliche Hörer; und die University of Otago 9 Professoren, 16 Lektoren, 206 ordentliche und 28 ausserordentliche Hörer. Zu Ende 1897 wurde die Errichtung noch einer weiteren Hochschule in Wellington in Angriff genommen, welche den Namen Victoria-College führen wird.

3. Wissenschaftliche Anstalten.

Der Förderung der Wissenschaft dienen in Neuseeland die Museen und das New Zealand Institute. Museen giebt es in den vier Städten Auckland, Wellington, Christchurch und Dunedin. Besonders erwähnenswert ist die in dem „Canterbury Museum" zu Christchurch aufgestellte Sammlung von Moaskeletten. Das New Zealand Institute besteht aus einer grossen Zahl — im Jahre 1896 waren 304 solche vorhanden — von getrennten wissenschaftlichen und litterarischen Gesellschaften, welche völlig unabhängig voneinander sind, aber einen Teil ihrer Einnahmen an den Zentralausschuss abführen. Der letztere giebt die „Transactions of the New Zealand Institute", die einzige bedeutendere in Neuseeland erscheinende wissenschaftliche Zeitschrift heraus.

4. Zeitungen.

Zu Anfang 1898 erschienen in Neuseeland 200 periodische Druckschriften: 50 werktäglich herausgegebene Zeitungen, 28 dreimal die Woche erscheinende, 30 zweimal die Woche erscheinende,

63 einmal die Woche erscheinende, 3 vierzehntägige und 26 monatliche. Die Zeitungen sind im allgemeinen sehr gut und einige haben — bestimmte Zahlen sind nicht bekannt — eine beträchtliche Auflage. Jedenfalls ist Neuseeland eines der am besten mit Zeitungen versehenen Länder der Erde und den europäischen Kontinentalstaaten in dieser Hinsicht weit voraus.

5. Allgemeine Bildung und gesellschaftliches Leben.

Gewiss haben die vorwiegend englischen Kolonisten Neuseelands alle Ursache, auf die Kultur sowie auf die gute Ausnutzung der Reichtümer ihres Landes stolz zu sein, und niemand wird es tadeln, dass sie ihr eigenes Land loben — leider gehen sie aber so weit über das erlaubte Mass von Lokalpatriotismus hinaus, dass einen dies geradezu anwidert: alles, und wenn es auch gar nichts Besonderes an sich hat, wird, wenn es nur neuseeländisch ist, über alle Berge gelobt, und in jeder Hinsicht hätten die Neuseeländer — wenn man ihren eigenen Äusserungen Glauben schenken könnte — von allem das Schönste, das Beste und das Grossartigste in ihrem eigenen Lande. Diese Selbstverhimmelung beherrscht den Ton der Gesellschaft, und ein objektiver Beobachter, der in eine solche gerät, muss, wenn er nicht als ein Flegel angesehen und moralisch hinausgeworfen werden will, heucheln und lügen, um in diese Lobeshymne keine Dissonanz hineinzubringen.

Diese tadelnswerte Selbstüberhebung beruht zum Teil auf Unkenntnis von allem Nichtneuseeländischen, zum Teil auf Abneigung gegen alles Nichtenglische. Was ersteres, die Unkenntnis, anbelangt, so ist dieselbe in den sogenannten gebildeten Kreisen in mancher Hinsicht geradezu grotesk. Sie ist die Folge des Mangels an Interesse an auswärtigen Dingen.

Englischen und amerikanischen Dingen stehen die Neuseeländer ziemlich gleichgültig, anderen und ganz besonders deutschen feindlich gegenüber. Ich habe mich oft über den in Neuseeland und den australischen Kolonieen überhaupt herrschenden Deutschenhass gewundert, denn es sind die Deutschen tüchtige Arbeiter und gute Kolonisten, und es haben gerade in Neuseeland mehrere Deutsche — ich will nur Haast und Vogel nennen — sehr Bedeutendes geleistet.

Abgesehen von diesem übertriebenen Lokalpatriotismus sowie jener oben gekennzeichneten ebenso übertriebenen Sonntagsheiligung ist der neuseeländischen „Gesellschaft" nichts Besonderes eigen: sie machen es dort so wie anderswo, besuchen einander, geben Gesellschaften, spielen Lawntennis und Whist und langweilen sich selbst und andre in hochanständiger Weise. Das Klima ist für Beschäftigungen im Freien sehr gut geeignet, und es werden die gewöhnlichen Jugendspiele, Fussball und Cricket, sehr gepflegt, wenn auch vielleicht nicht in dem Masse wie in Australien.

Viel mehr Günstiges als über die sogenannten Gebildeten lässt sich über die sogenannte arbeitende Klasse in Neuseeland sagen. Ebenso wie unsre deutschen „Gebildeten" den ersteren überlegen sind, ebenso sind die letzteren unseren deutschen Arbeitern überlegen. Es geht den Arbeitern Neuseelands im allgemeinen materiell viel besser als den unserigen und sie haben einen unvergleichlich grösseren politischen Einfluss als die Arbeiter bei uns. Der Unterschied zwischen „Arbeitern" und „Gebildeten" ist in Neuseeland ein geringerer als in Deutschland. Die Träger, die mich bei meiner neuseeländischen Alpenexpedition begleiteten, sowie alle anderen Angehörigen des Arbeiterstandes, mit denen ich dort in nähere Beziehungen getreten bin, haben sich als verlässliche und ausdauernde Männer voll Thatkraft, Umsicht und Mut erwiesen, und sie waren frei von jener lächerlichen Selbstüberhebung, welche die sogenannten Gebildeten charakterisiert. Sie und nicht die „Gebildeten" sind die Leute, denen das in Neuseeland bereits Erreichte zu danken ist, und sie sind es nach meiner Überzeugung auch, welche die Gewähr für eine glückliche Zukunft Neuseelands bieten.

X. Regierung und Verwaltung.

An der Spitze der Regierung steht ein von der Königin von England ernannter Statthalter. Dieser führt den Vorsitz im Ministerrat und ist der Kommandant der neuseeländischen Streitkräfte. Thatsächlich hat der Statthalter aber gar keinen Einfluss auf innere Angelegenheiten. Er vertritt in Neuseeland die Gesamtinteressen des grossbritannischen Weltreiches im allgemeinen und des englischen Mutterlandes im besonderen und könnte in anbetracht der äusserst lockeren Verbindung der Kolonie mit Grossbritannien nicht mit Unrecht als ein grossbritannischer Gesandter angesehen werden.

Das Ministerium führt den Namen „Executive Council". Die Mitglieder desselben werden von der jeweiligen Parlamentsmehrheit bestimmt und vom Statthalter ernannt.

Die eigentliche Regierung ist das Parlament, das aus zwei Häusern besteht: dem Oberhaus, welches den Namen Legislative Council führt, und dem Unterhaus, welches House of Representatives genannt wird.

Die Zahl der Mitglieder des Legislative Council ist eine unbestimmte, muss aber stets grösser sein als zehn. Die Mitglieder werden auf sieben Jahre vom Statthalter ernannt und sind wieder wählbar. Im Jahre 1898 betrug die Anzahl der Mitglieder des Legislative Council 45; zwei davon waren Maorihäuptlinge.

Das House of Repräsentatives besteht aus 74 europäischen Mitgliedern und vier Maoris. Dieselben werden auf Grund des allgemeinen Stimmrechtes — alle Männer und Frauen über 21 Jahre, welche drei Monate oder mehr in einem Orte ständigen Aufenthalt haben, sind stimmberechtigt — auf drei Jahre gewählt.

Um Gesetzeskraft zu erlangen, müssen Anträge von beiden Häusern angenommen und vom Statthalter bestätigt werden.

Diese Einrichtungen tragen einen sehr freiheitlichen und liberalen Charakter an sich, und man könnte beim ersten Blick glauben, dass durch sie die Bedürfnisse und Interessen der verschiedenen Berufsklassen in richtigem Maasse berücksichtigt und die Unterdrückung irgend eines Teiles der Bevölkerung durch einen anderen unmöglich gemacht werden müsste. In Wahrheit verhält es sich aber ganz anders. Infolge des allgemeinen Stimmrechtes übt natürlich der Arbeiterstand bei der Wahl einen entscheidenden Einfluss aus: im allgemeinen haben nur die diesem Stande genehmen Kandidaten Aussicht auf Erfolg. Nun wäre das an sich ja ganz gut, denn es ist unzweifelhaft, wie oben schon bemerkt wurde, der neuseeländische Arbeiter in seiner Sphäre tüchtiger als der neuseeländische „Gebildete" in der seinigen. Es ist jedoch die Arbeiterschaft in Neuseeland ebenso wie in den anderen australischen Kolonieen hoch organisiert. Fast alle Arbeiter gehören den „Trades Unions" an, und die stehen wieder unter der Leitung einzelner Leute von oft fragwürdigem Charakter. Innerhalb der Trades Union herrscht sehr stramme Disziplin, da giebt es keine lauwarme Toleranz und keinen Liberalismus, sondern nur scharfe Befehle von seiten des Präsidenten und unbedingten Gehorsam von seiten der Mitglieder. Wer nicht gehorcht, wird sicher ausgeschlossen, bekommt nirgends mehr Arbeit und hat gute Aussicht, durchgeprügelt oder totgeschlagen zu werden. Unter diesen Umständen ist es klar, dass die Vorstände der Trades Unions in Wahrheit bestimmen, wer in das Parlament kommen soll, und dass auch nach der Wahl sie es sind, von denen die Ratschläge ausgehen, welche dem gewählten Vertreter von seiten seiner Wähler ab und zu erteilt werden. Ein Abgeordneter, der dann nicht diesen Winken folgt, hat keine Aussicht auf Wiederwahl.

Wenn man also die Sache ansieht, wie sie wirklich ist, so erkennt man, dass eigentlich diese paar Demagogen, welche sich zur Herrschaft in den Trades Unions aufgeschwungen haben, Neuseeland regieren. Der Statthalter muss thun, was das Ministerium ihm sagt — sonst erfolgt Sezession und Abfall der Kolonie vom Mutterlande. Das Ministerium muss thun, was die Mehrheit des Unterhauses sagt, sonst giebt es Misstrauensvotum und Verlust der Portefeuilles. Die Parlamentsmehrheit ist abhängig von dem Willen des Arbeiterstandes — wer diesen nicht erfüllt, wird nicht gewählt.

Der Wille des Arbeiterstandes wird von den Leitern der Trades Unions kommandiert.

Eine wichtige Rolle spielt der Generalagent der Kolonie, welcher seinen Sitz in London hat und in ähnlicher Weise die Rolle eines neuseeländischen Gesandten in Grossbritannien spielt wie der Statthalter die Rolle eines grossbritannischen Gesandten in Neuseeland.

An der Spitze der Rechtspflege steht ein Justizminister. Der oberste Gerichtshof besteht aus dem Vorsitzenden (Chief Justice) und vier Beisitzern (Puisne Judges). Der Chief Justice ist der zweite Mann im Lande und fungiert stets als Stellvertreter des Statthalters. An vierzehn verschiedenen Orten werden regelmässige Gerichtstage von den Richtern des obersten Gerichtshofes gehalten (Circuit). Dann giebt es drei District Court Judges, welche Gerichtstage in siebzehn verschiedenen Ortschaften abhalten. In allen den Orten, in denen diese Gerichtstage abgehalten werden, haben ein Staatsanwalt und ein „Sheriff" ihre Sitze. 29 „Magistrates" (niedere Richter) halten in den grösseren Städten täglich, in den kleineren nach Bedarf Gerichtssitzungen ab. In diesen Sitzungen werden je nach der Bestimmung des obersten Gerichtshofes Prozesse über Werte bis zu 2040 oder bis zu 4080 Mark zur Entscheidung gebracht. Die Zahl der „Justices of the Peace", welche die kleineren Streitsachen zu behandeln haben, beträgt 1700. Die Gerichte sind Geschworenengerichte. Der Statthalter hat im Verein mit dem Ministerium das Recht, eine Neuuntersuchung in irgend einer bereits abgeurteilten Sache anzuordnen.

Es sind in Neuseeland gegenwärtig keine britischen Truppen stationiert. Die Streitkräfte sind: die permanente Miliz (Artillerie und Torpedokorps) und die Freiwilligen (Kavallerie, berittene Schützen, Seeartillerie, Festungsartillerie, Feldartillerie, Pioniere und Schützen). Unter dem Statthalter als obersten Kommandanten stehen einige britische Offiziere. Neuseeland ist in sieben Ergänzungsbezirke eingeteilt. In jedem haben ein Feldoffizier und eine Abteilung Unteroffiziere — Abrichter — ihren Sitz. Aus der folgenden Tabelle ergeben sich die Stärken der verschiedenen Waffen im Jahre 1896:

Ständige	Miliz,	Artillerie	213
„	„	Torpedokorps	76
Freiwillige	„	Kavallerie	168
„	„	berittene Schützen	564
„	„	Seeartillerie	798

```
Freiwillige Miliz Festungsartillerie . . . . . .  54
     „       „   Feldartillerie . . . . . . . 424
     „       „   Pioniere . . . . . . . . . . 141
     „       „   Schützen . . . . . . . . . 3380
Ausser diesen giebt es ein Kadettenkorps . . . . . 2155
                              Zusammen . . 7973
```

Die Festungsbauten an den Häfen der vier grössten Städte sind mit schwerem, zum Teil modernem Festungsgeschütz, Maximgeschützen u. s. w. armiert.

Die Gesamtausgabe für diese Wehrmacht betrug in den letzten Jahren jährlich durchschnittlich ungefähr 1360000 Mark. Für Festungsbau und -Armierung wurde am meisten im Jahre 1886 gethan. In diesem Jahre wurden 2844352 Mark für diesen Zweck verwendet. In neuerer Zeit ist nur sehr wenig in dieser Richtung geleistet worden.

XI. Geschichte.

Neuseeland wurde von den Maoris, Polynesiern, welche von Norden her einwanderten, besiedelt. Die ersten Maoris landeten vor etwa 500 Jahren auf der Nordinsel. Von hier aus breiteten sie sich über die beiden Hauptinseln, die Stewart-Insel und die Chatham-Insel aus. Sie nährten sich von Pflanzenstoffen und den damals noch zahlreichen Moa-Vögeln. Als die letzteren ausgerottet waren, wurden sie aus Not Kannibalen, und die einzelnen Gefolgschaften führten fortwährend miteinander Krieg — um Menschenfleisch zu erbeuten. Die Maoris waren, als die ersten Europäer nach Neuseeland kamen, ein tapferes, kräftiges, in manchen Künsten geschicktes und mit neolithischen Waffen und Werkzeugen ausgerüstetes Volk.

Gelegentlich der Entdeckung Neuseelands durch Tasman im Jahre 1642 wurde — in der Massacre-Bai — eine Bootsmannschaft von den Eingeborenen überfallen, wobei vier Europäer den Tod fanden. Dies und das schlechte Wetter, welches zufällig zur Zeit von Tasmans Besuch an der neuseeländischen Küste herrschte, machten auf ihn jenen ungünstigen Eindruck, der in seinen Berichten zum Ausdruck kam und zur Folge hatte, dass man allgemein Neuseeland für ein sehr unwirtliches, von einem wilden und mörderischen Volke bewohntes Land hielt und sich scheute, dasselbe näher zu erforschen.

Erst 127 Jahre später kamen Europäer abermals dorthin: im Jahre 1769 besuchte Kapitän Cook Neuseeland. Auch auf seiner zweiten Reise im Jahre 1773 und auf seiner dritten Reise im Jahre 1777 landete er auf dieser Inselgruppe. Er erforschte die Küsten und brachte die erste genaue Kunde über Neuseeland nach Europa; er knüpfte Beziehungen mit den Eingeborenen an, mit denen er zumeist gut auskam, und er brachte Schweine, Kartoffeln und Sämereien nach Neuseeland, von denen namentlich die ersteren dadurch grosse Bedeutung erlangten, dass sie sich sowohl im domestizierten wie im verwilderten Zustande rasch vermehrten und, gute Fleischnahrung bietend, die Maori in den Stand setzten, dem unnatürlichen und unangenehmen Kannibalentume zu entsagen.

Während, wie erwähnt, die Maoris mit Kapitän Cook und seinen Leuten im ganzen friedlich verkehrten, gestalteten sich ihre Beziehungen zu den Mannschaften der französischen Schiffe, die um dieselbe Zeit wie jene englischen nach Neuseeland kamen, sehr ungünstig. Der französische Kommandant De Surville liess 1769 zur Sühne eines kleinen Diebstahls den Häuptling jener Maorigefolgschaft entführen, die ihn gastfreundlich aufgenommen hatte, was die Maori so erbitterte, dass sie im Jahre 1772 eine Abteilung der Mannschaft eines anderen französischen Schiffes heimtückisch überfielen und sechzehn Europäer, darunter auch den Kapitän Marion, ermordeten und verspeisten. Marions Leutnant Crozet rächte diese That, indem er das Dorf dieser Maoris erstürmte und niederbrannte und eine grosse Anzahl von Maoris tötete. Seitdem standen die Eingeborenen den Europäern im allgemeinen sehr feindlich gegenüber; viele einzelne Europäer sowie ganze Mannschaften von europäischen Schiffen wurden von den Maoris ermordet und aufgegessen, und die Europäer töteten ihrerseits viele Maoris auf den Rache- und Raubzügen, welche von der Küste aus unternommen wurden.

Durch die Berichte über diese Kämpfe, die Wildheit, den Mut die Mordlust und das Kannibalentum der Maoris wurde das schon aus der alten Darstellung Tasmans geschöpfte ungünstige Urteil über die neuseeländischen Eingeborenen nur verstärkt, und jeder neue Überfall, von dem — natürlich übertriebene — Berichte nach Europa gelangten, erhöhte den Abscheu, den man allenthalben vor den Maoris hegte.

Trotzdem liefen zu Ende des vorigen und zu Anfang des gegenwärtigen Jahrhunderts ziemlich viele Schiffe Neuseeland an. Es waren das teils Wal- und Robbenjäger, welche Holz und Wasser einnahmen, teils Handelsschiffe, welche verschiedene europäische Erzeugnisse, namentlich Rum und Waffen, gegen neuseeländische, von den Maoris gelieferte Produkte austauschten und auch Bauholz holten. Diese Schiffe gingen zumeist von Sydney an der australischen Ostküste aus. Der Verkehr zwischen Neuseeland und Australien wurde immer reger, und allmählich schwand der Abscheu vor den Maoris, deren bessere Eigenschaften man nun auch kennen zu lernen Gelegenheit hatte.

Aus den australischen Strafkolonieen entflohene Verbrecher und andere Abenteurer, denen es an Kraft und Mut nicht fehlte, bildeten in dem von jenen Schiffen am häufigsten besuchten Hafen der Inselbai die Ansiedlung Kororareka. Mit Maori-Weibern verbunden führten sie hier ein wildes und abenteuerliches, halb europäisches, halb maorisches Leben. Sie hatten mit vielen Unannehmlichkeiten zu kämpfen, befanden sich dafür aber im Besitze des höchsten aller menschlichen Güter — der Freiheit: in Kororareka gab es nicht Recht, nicht Gesetz. Eine starke Faust, ein sicheres Auge, gute Pistolen und trockenes Pulver — damit konnte jeder alle Wünsche, die in Kororareka überhaupt erreichbar waren, auch erreichen; und trieb es einer zu arg, so wurde er ohne weiteres gelyncht, aufgehängt und dann noch erschossen.

Die Haupterwerbsquelle dieser Leute war der Verkauf von Rum an die Eingeborenen; jedes „Haus" war eine Gifthütte und die ganze Bevölkerung der Gegend konnte in zwei Kategorieen eingeteilt werden: solche, welche den Rum kauften, tranken und verkauften (das waren die Europäer) und solche, welche den Rum bloss kauften, und tranken (das waren die Eingeborenen). Und womit bezahlten die Eingeborenen den Rum? Sie hatten kaum stetige Einnahmequellen wohl aber einen stetigen Rumbedarf. Zunächst gaben sie Erzeugnisse ihres bescheidenen Ackerbaues, wohl auch Schweine dafür, dann Phormium-Gewebe und Waffen, weiterhin Frauen und Töchter. Endlich hatten sie nichts mehr, und nun begannen sie zu morden, um die abgeschnittenen Köpfe der Ermordeten den Europäern zu liefern, welche dieselben stets gut absetzen konnten, weil die anthropologischen Sammlungen in Europa solche Köpfe mit hohen Preisen bezahlten. Doch konnte es einer, der solcherart seine Begierde nach Rum stillte, nicht lange treiben: sehr bald wurde er von Verwandten der oder des Ermordeten aufgespürt, erschlagen und nun seinerseits geköpft, um mit seinem tätowierten Haupte eine europäische Sammlung zu zieren. — Dies Ganze klingt wie ein wüster Traum, so greulich ist es, und doch ist es wahr. Der Leser wird sich lebhaft vorstellen können, welches Entsetzen die zimperlichen, theetrinkenden Damen und Lawntennis spielenden Kuraten der modernen neuseeländischen Gesellschaft erfassen würde, wenn man ihnen jenes Treiben realistisch schilderte; und doch bildet es den ersten — zeitlich nicht einmal hundert Jahre entfernten — Anfang jener Zivilisation und Kultur, deren hohe Entwicklung durch das gegenwärtige Vorhandensein solcher Damen und Herren am besten illustriert wird.

Während jene Ansiedlung in Kororareka sich vergrösserte, bildeten sich andre Kolonieen ähnlicher Art an verschiedenen Stellen der Nord- und Südinsel, und es drohte jene wüste Kororareka-Wirtschaft sich über ganz Neuseeland auszubreiten. Eine Wendung zum Besseren trat erst ein, als — im Jahre 1814 — eine anglikanische Mission von Australien nach Neuseeland herüberkam. An der Spitze dieser Mission stand Marsden. Er schickte Hall und Kendall voraus, um zu rekognoszieren. Nach kurzem Aufenthalte in Neuseeland kehrten diese nach Sydney zurück, um Marsden abzuholen und mit ihm zusammen wieder nach Neuseeland zu segeln. Marsden brachte Pferde, Rinder, Schafe und Geflügel mit und fand bei einigen Häuptlingen freundliche Aufnahme. Am Weihnachtstage 1814 wurde von ihm die erste christliche Predigt in Neuseeland gehalten. Im folgenden Jahre kehrte Marsden nach Australien zurück. Hall und Kendall blieben aber, um das von Marsden begonnene Missionswerk fortzusetzen. Sie errichteten die erste Station auf der Rangihoua-Insel in der Inselbucht und predigten den Maoris das Christentum mit grossem Erfolge. Sie lernten Maorisch, übersetzten Teile der Bibel ins Maorische und wurden von den Eingeborenen mit grosser Ehrfurcht behandelt. Später wurden auch katholische und wesleyanische Missionen in Neuseeland errichtet. Die anglikanischen Missionare gewannen einen grossen Einfluss, und es hatte um das Jahr 1820 den Anschein, als ob sich Neuseeland unter der Leitung der europäischen Missionare zu einem christlichen und friedlichen Maoristaat entwickeln würde.

Einer der treuesten Anhänger der Missionare, der Häuptling Hongi, wurde nach England gebracht und dort sehr gefeiert. Er verkehrte bei Hofe und genoss hohes Ansehen. Hier lernte er natürlich die politischen Verhältnisse Europas näher kennen: hingerissen von der Erobererlaufbahn Napoleons, die damals noch jedermann lebhaft vor Augen stand, beschloss er seinerseits, dieselbe nachzuahmen und ganz Neuseeland seinem Szepter zu unterwerfen. Die reichen Geschenke, die er in England erhalten hatte, setzte er in Gewehre und Munition um und rüstete, in die Heimat zurückgekehrt, seine Gefolgschaft mit diesen Waffen aus. An der Spitze eines 3000 Mann starken, mit Feuerwaffen ausgerüsteten Heeres unternahm er von seinem Stammsitze an der Inselbai aus jene Kriegsfahrt, welche ihn zum Alleinherrscher von Neuseeland machen sollte. Durch eine Reihe von Jahren tobte auf der Nordinsel die Kriegsfurie. Erst als Hongi im Jahre 1828 einer Wunde erlegen war, traten wieder friedlichere Verhältnisse ein. Alle Stämme waren durch diesen Krieg sehr geschwächt, und alles sehnte sich nach Frieden. Das während des Krieges unterbrochene Missionswerk wurde nun wieder gefördert, und die Zahl der getauften Maoris nahm immer mehr zu. Es wurden Schulen gegründet, in denen viele Maorikinder lesen und schreiben lernten. Das Kannibalentum hörte auf — der letzte bekannte Fall von Menschenfrass fand in Neuseeland im Jahre 1843 statt — die Kultur und der Wohlstand der Eingeborenen hoben sich bedeutend. Zugleich erstarkte der Einfluss der Missionare auf die Häuptlinge, und die durch den Hongikrieg unterbrochene Entwicklung der politischen Verhältnisse im Sinne der Bildung eines maorischen Staates unter der Leitung der (anglikanischen) Missionare, nahm ihren Fortgang. Auf Betreiben der letzteren wurde im Jahre 1833 ein Vertreter Grossbritanniens nach dem berüchtigten Kororareka gesandt, um die wüste, teils europäische, teils gemischte Bevölkerung dieser Ansiedlung in Ordnung zu halten. Zwei Jahre später erlangten die Missionare zwar eine Art Anerkennung Neuseelands als unabhängigen (d. h. von ihnen abhängigen!) Maoristaates, aber ihre Bestrebungen scheiterten schliesslich an der englischen Expansivkraft. Es war im Laufe der Zeit klar geworden, dass Neuseeland nicht, wie man lange geglaubt hatte, ein wüstes und unwirtliches Land sei: man erkannte, dass es sich sehr gut zur Errichtung englischer Kolonieen eignen würde.

Schon Kapitän Cook hatte sich vergebens bemüht, die englische Regierung zur Gründung einer Kolonie in Neuseeland zu veranlassen, und auch die Bestrebung Benjamin Franklins, eine Gesellschaft zur Kolonisierung Neuseelands zu bilden, hatte keinen Erfolg gehabt. Jetzt aber, da sich jene Erkenntnis Bahn gebrochen, wurde — unter dem Vorsitze des Lord Durham — eine Gesellschaft zur Kolonisation von Neuseeland gegründet. Trotz der Opposition der Missionare, die ihren Einfluss, der Maoris, die ihre Unabhängigkeit, der Kororarekaner, die ihre wilde Freiheit, und der verschiedenen europäischen Ausbeuter des Landes, die ihre Vorteile nicht preisgeben wollten, gelang es dieser Gesellschaft im Jahre 1837, die nötigen Konzessionen von der englischen Regierung zu erlangen und die erforderlichen Mittel aufzubringen.

Zwei Jahre später (1839) wurde das Schiff „Tory" behufs vorläufiger Orientierung und Vermessung nach Neuseeland gesandt. Der Kapitän desselben, Oberst Wakefield, hatte den Auftrag, Land von den Eingeborenen zu kaufen und einen passenden Ort zur Errichtung der ersten Niederlassung ausfindig zu machen. Er langte im August desselben Jahres in Port Nicholson an der Südküste der Nordinsel an, erwarb dort einen Landstrich und errichtete an der Stelle, wo jetzt die politische Hauptstadt Wellington steht, ein Depot, welches den Kern der zu errichtenden Niederlassung bilden sollte. Dieffenbach, welcher diese Expedition begleitet hatte, durchforschte diese Gegend sowie andere Teile Neuseelands und erstattete über seine Ergebnisse einen Bericht, welcher — ich gebrauche hier die Worte Hochstetters — „in jeder Beziehung eines der besten Werke über Neuseeland" ist.

Am 22. Januar 1840 brachte die „Aurora" die ersten Einwanderer nach dem von Wakefield ausgewählten Orte am Ufer des Port Nicholson. Es folgten andere Auswandererschiffe, und im Laufe eines Jahres zählte die junge Ansiedlung 1200 Personen, grösstenteils britische Emigranten; es waren nur wenige von Australien her Eingewanderte darunter.

Gleichzeitig hatte die englische Regierung einen Vertreter nach Neuseeland gesandt, welcher eine Anzahl Häuptlinge zur Annahme eines Vertrages überredete, der Neuseeland zu einer selbständigen englischen Kolonie machte. Dieser Vertreter — Hobson — wurde zum ersten Statthalter Neuseelands ernannt; er schlug in dem — damals noch sehr unbedeutenden — Auckland seinen Sitz auf, und dieses ward nun die Hauptstadt Neuseelands.

Im folgenden Jahre wurden in ähnlicher Weise wie Wellington die Kolonieen Nelson und New Plymouth gebildet.

Man kaufte den Maoris für Flinten, Rum, Tabak, Decken und Spielereien weite Landstriche ab, und man konnte dies, weil die Eingeborenen, die keinen persönlichen Landbesitz kannten, zunächst gar keine Vorstellung von der eigentlichen Bedeutung und von den Folgen dieser Landverkäufe hatten. Es dauerte jedoch nicht lange, und sie merkten, wie sie übervorteilt worden waren. Die Eingeborenen behaupteten, in sehr vielen Fällen betrogen worden zu sein, und verlangten Teile der von den Kolonisten in Besitz genommenen Ländereien zurück, was zu unzähligen Beschwerden und Klagen, weiterhin zu gewaltsamen Massregeln, Kampf und Mord führte. 1843 wurden der Chef der Kolonie Nelson und mehrere von seinen europäischen Begleitern ermordet, ein Jahr darauf riss der Maorihäuptling Heke die englische Flagge in Kororareka herab und verbrannte sie. Sie wurde mehrmals wieder aufgerichtet und wieder zerstört und im Jahre 1845 die Ansiedlung Kororareka von Heke und seiner Gefolgschaft erstürmt und niedergebrannt. Heke wurde hierauf in seiner eigenen Burg Okaikan angegriffen, schlug aber diesen sowie einen zweiten, mit bedeutenderen Streitkräften unternommenen Angriff der Engländer zurück.

Inzwischen war der thatkräftige Kapitän Grey zum Statthalter von Neuseeland ernannt worden, und diesem gelang es, den Feindseligkeiten der Maoris ein Ende zu machen: Hekes Burg, Ruapekapeka, wurde erstürmt, ein Angriff der Eingeborenen auf Wanganui zurückgewiesen und — im Jahre 1848 — Frieden zwischen den englischen Kolonisten und den Maoris zu Wanganui geschlossen. Die Landverkäufe an einzelne Europäer hörten auf, und von nun an durfte Maoriland nur noch von der Kolonialregierung angekauft werden.

Im selben Jahre, 1848, gründete eine Gesellschaft, welche aus Mitgliedern der „Freien Kirche von Schottland" bestand, Dunedin und die Kolonie Otago. Zwei Jahre später verzichtete die New Zealand Company auf ihre Rechte zu Gunsten der britischen Regierung. Im selben Jahre wurde von einer anglikanischen kirchlichen Gesellschaft Christchurch und die Kolonie Canterbury gegründet. Im Jahre 1855 fand zum erstenmale in Neuseeland eine Parlamentswahl statt. 1858 wurde die Provinz Hawkes Bay und 1859 die Provinz Marlborough gebildet.

Die Unzufriedenheit der Maoris, welche die ganze Zeit hindurch fortgeglimmt war, schlug nun plötzlich zu einer Kriegsflamme empor; grell beleuchtete dieselbe den Heldenmut dieser Südseeinsulaner und auch ihren Untergang als selbständige Nation.

Die Maoris hatten die ganz richtige Überzeugung gewonnen, dass die Ausbreitung der Europäer in Neuseeland ihren eigenen Untergang herbeiführen müsse. Um dieselbe aufzuhalten, sollten erstens keine weiteren Ländereien an die Kolonialregierung verkauft, und zweitens alle Maoristämme unter einem gemeinsamen Maorikönige vereinigt werden. Eine Anzahl Häuptlinge verpflichtete sich untereinander, die Landverkäufe einzustellen, und der alte Potatau te Wherowhero wurde zum gemeinsamen Könige gewählt. Als dieser starb, folgte ein anderer König. Diese Könige beteuerten ihre Friedensliebe — es zeigte sich aber immer deutlicher, dass es schliesslich zum Kriege kommen müsste. Es ist natürlich, dass es unter den Maoris einzelne Abtrünnige gab, die sich nicht an die Abmachungen ihrer Häuptlinge hielten. Einer von diesen verkaufte trotz des erwähnten Häuptlingsbeschlusses einen Landstrich in Taranaki an die Europäer. Der Häuptling, zu dessen Gefolgschaft er gehörte, erhob Einsprache; die Vermessung des betreffenden Grundstückes wurde aber trotzdem und zwar unter dem Schutze englischer Soldaten durchgeführt. Daraufhin bauten die Maori auf dem strittigen Boden einen Pah — so hiessen ihre befestigten Lager — und besetzten denselben. Hier wurden sie, am 17. März 1859, von den englischen Truppen angegriffen, behaupteten aber den Platz.

Das war der Anfang des Maorikrieges. In der Nacht zogen sich die Maoris aus dem Pah zurück und ermordeten in den folgenden Tagen mehrere in der Umgebung einzeln lebende europäische Kolonisten. Daraufhin unternahmen die Engländer einen Zug gegen die Maoris und erstürmten mit Hilfe einer Matrosenabteilung ihr Lager, wobei gegen 100 Maoris getötet wurden. Der gegen die Hauptbefestigung der Maoris, den Pah Waitara, unternommene Angriff der Engländer wurde aber nach viereinhalbstündigem Kampfe von den Maoris blutig zurückgewiesen. Auch an anderen Orten erlitten die Engländer Schlappen, und die unter diesen Umständen um ihre Sicherheit mit Recht besorgten Kolonisten richteten dringende Bitten um rasche Hilfe an das benachbarte Australien und das englische Mutterland.

Gegen die in Urwalddickichten sich versteckenden Maoris, die in ähnlicher Weise wie seinerzeit die Indianer in Nordamerika kämpften, richtete das reguläre Militär nichts aus, und die Verhältnisse in Taranaki, im Westen der Nordinsel, gestalteten sich so, dass die Frauen und Kinder von New Plymouth nach der Südinsel geflüchtet wurden und nur die wehrhaften Männer in dieser Stadt zurückblieben.

Im Herbste 1860 zogen sich die Maoris in ihre Heimat zurück, und den Winter über herrschte Ruhe. Im nächsten Frühling aber, im September des Jahres 1860, entbrannte der Kampf aufs neue. Von England und Australien waren Hilfstruppen gekommen, aber auch die Streitkräfte der Maoris hatten sich bedeutend vermehrt, da sich inzwischen die Stämme am Waikato den Kämpfern in Taranaki angeschlossen hatten. Im Oktober erstürmten die Engländer, nach einem äusserst heftigen Kampfe, den Pah von Mahoetahi und töteten alle anwesenden Maorihäuptlinge. Trotz dieser Niederlage rückten die Maoris bald wieder gegen New Plymouth vor und bedrohten die Stadt derart, dass sich die Besatzung veranlasst sah, Schanzen zu ihrem Schutze aufzuwerfen. Im Januar 1861 griff eine auserlesene Maorimannschaft eine von diesen Schanzen an. Nach einem überaus heftigen Kampfe, bei welchem mehr als die Hälfte der Angreifer den Tod fanden, wurden die Eingeborenen von der Besatzung und den herbeigeeilten Hilfsmannschaften zurückgeschlagen. Später, im März, bezogen die Waikatostämme ein festes Lager in Tearei. Hier wurden sie wochenlang belagert. Endlich brachen sie aus ihren Schanzen hervor und griffen die Einschliessungslinie an. Die englischen Truppen wiesen den Angriff zurück und versprengten die Maoris. Hierauf schloss man einen Waffenstillstand, setzte aber trotzdem die Rüstungen auf beiden Seiten fort. Der frühere Statthalter Grey wurde nun wieder nach Neuseeland geschickt und er bemühte sich, den Frieden herzustellen, jedoch vergeblich: es war umsonst, dass er den Eingeborenen eine Verfassung gab und alles aufbot, die erregten Gemüter zu beruhigen. Die Maori besetzten einen Landstrich in Taranaki, der unstreitig den Europäern gehörte. Um sie zu vertreiben, rückte eine Abteilung Militär dahin ab. Diese geriet in einen Hinterhalt und wurde — am 4. Mai 1863 — bis auf den letzten Mann aufgerieben, was dem Waffenstillstande natürlich ein jähes Ende bereitete. Die Maori errangen mehrere Erfolge im kleinen Kriege, wurden aber im November desselben Jahres bei Rangiriri vollständig geschlagen, wobei gegen 200 ihrer Krieger in Gefangenschaft gerieten. Im April des folgenden Jahres wurde Orakau Pah, die letzte Burg der Waikatostämme, erstürmt.

Im Gefolge dieser Kämpfe traten Uneinigkeiten unter den Maoris selbst auf, und es gelang den Engländern, einzelne Gefolgschaften dazu zu bewegen, gegen ihre Stammesbrüder zu Felde zu ziehen. Im weiteren Verlaufe des Krieges spielten diese verbündeten Maori eine immer bedeutendere Rolle. Solche verbündete Maoris waren es, welche im April 1864 einen Erfolg gegen die Aufständischen in der Plenty-Bucht errangen. Wenige Tage nach diesem wurden jedoch die englischen Truppen selbst bei einem Angriffe auf das Gate Pah in Tauranga an der Plenty-Bucht blutig zurückgeworfen. Dies hielt die Siegeslaufbahn der Europäer aber nicht lange auf. Ein Angriff der Eingeborenen auf ein Fort in Taranaki wurde zurückgewiesen; auf der Insel Muoha besiegten die verbündeten Maori und bei Tauranga die englischen Soldaten die Aufständischen. Nun konfiszierte der Statthalter Grey das ganze Waikatogebiet, welches hierdurch der europäischen Kolonisation erschlossen wurde. Während einige Stämme mit den Engländern Frieden schlossen, harrten andere im Kampfe aus. Auch im Jahre 1865 fanden Gefechte statt, und es wurden zwei Maori-Burgen, Wereroa Pah und Kairomiromi Pah, erstürmt. Im September desselben Jahres proklamierte der Statthalter den Frieden, was aber nicht hinderte, dass der Krieg in gewohnter Weise fortgeführt wurde.

Eine Maoribande ermordete einen Parlamentär, und die englischen und kolonialen Truppen sowie die verbündeten Eingeborenen erfochten im Dezember 1865 und Januar 1866 Siege über die Aufständischen an der Ostküste (Hawkes-Bai) und an der Westküste (Okotuku Pah) der Nordinsel. Es wurden noch weitere Pahs genommen, und General Chute durchstreifte jenes Urwaldgebiet in Taranaki, das bis dahin ein sicherer Rückhalt der Eingeborenen gewesen war. Doch das nützte alles nichts; immer noch leisteten einzelne Stämme Widerstand. Im Juli 1868 überfielen Eingeborene ein Fort in Turuturu Makai und töteten die Besatzung, und zur selben Zeit gelang es dem kühnen Maorihäuptling Te Kuti, welcher gefangen genommen und nach den Chatham-Inseln gebracht worden war, mit einer Anzahl Schicksalsgenossen ein Schiff zu nehmen und auf diesem nach Neuseeland zurückzukehren. Te Kuti und seine Gefolgschaft lieferten im September 1866 der englischen Truppenabteilung, welche ausgezogen war, um ihn einzufangen, in der Schlucht von Ruakie Ture ein Gefecht, welches unentschieden blieb, und brachte in einem zweiten Gefechte, im Urwalde, den englischen Truppen beträchtliche Verluste bei. Davon, ihn wieder einzufangen, konnte keine Rede sein; im Gegenteil, die Zahl der Eingeborenen, die sich um ihn scharten, wuchs von Tag zu Tag. Im November 1866 wurde ein Angriff der kolonialen Truppen auf das von den Eingeborenen besetzte Moturoa zurückgewiesen und 32 friedliche Kolonisten in der Poverty-Bai von den Anhängern Te Kutis ermordet. Im Dezember lieferte Te Kuti den verbündeten Maori ein Gefecht, welches einer Niederlage der letzteren gleichkam.

Diese Erfolge des tapferen Maorihäuptlings verbreiteten Furcht und Schrecken über das ganze Land. Von allen Seiten zogen Truppen, englische, koloniale und Verbündete nach Poverty Bai, wo sich Te Kuti im Ngatapa Pah verschanzt hatte. Nach einer sechstägigen Belagerung und Beschiessung wurde zum Sturme geschritten und nach einem furchtbaren Kampfe unter schweren Verlusten die Burg erobert — gleichwohl aber der eigentliche Zweck nicht erreicht. Allerdings bedeckten anderthalb hundert Maori als Leichen die Wahlstatt. Te Kuti aber und ein grosser Teil seiner Gefolgschaft war unversehrt entkommen. Wieder gab es unglückliche Gefechte und Ermordungen von friedlichen Kolonisten, und am 10. April 1869 erstürmte Te Kuti mit seiner tapferen Schar die Burg von Mohaka, wobei 40 verbündete Maori den Tod fanden. Später gelang es dann den Kolonisten, Te Kuti mehrere Schlappen beizubringen, und im März 1870 eroberten die kolonialen Truppen und verbündeten Maori die Verschanzungen Te Kuti's in Maraetahi, wobei die meisten seiner Anhänger getötet oder gefangen genommen wurden. Te Kuti selbst aber entkam auch diesmal mit einer Handvoll seiner Getreuen. Vergebens waren alle Bemühungen, seiner habhaft zu werden, er blieb frei und unbezwungen. Nachdem die Europäer die Fruchtlosigkeit der Verfolgung Te Kuti's eingesehen hatten, liessen sie von derselben ab; amtlich hörte dieselbe aber erst im Jahre 1883 auf, in welchem Jahre Te Kuti „begnadigt" wurde.

Mit dem Siege von Maraetahi im Jahre 1870 war der Maorikrieg wirklich zu Ende. Seither haben sich die Eingeborenen nur mehr wenig gerührt. Im Jahre 1879 wollten sie sich gewisse Ländereien, die von den Kolonisten in Besitz genommen worden waren, aneignen, leisteten aber keinen bewaffneten Widerstand, als man sie gefangen nahm. Dann gab es, im Jahre 1881, wieder eine kleine Aufregung; eine grössere Abteilung Freiwillige und Polizei marschierte gegen die aufsässigen Maori, die jedoch auch dieses Mal keinen Widerstand leisteten und ohne Schwertstreich die Waffen streckten. In dem langen Kriege ist ihre Widerstandskraft gebrochen worden: sie gehen jetzt friedlich und resigniert ihrem unausbleiblichen, tragischen Schicksal entgegen.

Trotz des Krieges, welcher ein Jahrzehnt hindurch die Nordinsel durchtobte, entwickelte sich die Kolonie rasch und erstarkte so, dass noch vor Beendigung desselben alle englischen Truppen Neuseeland verlassen konnten. Zu Anfang der sechziger Jahre, als Neuseeland noch aus einer Anzahl getrennter, voneinander völlig unabhängiger Einzelkolonieen — „Provinzen" — bestand, kam man zur Überzeugung, dass diese vereinigt und dass eine Stadt als Hauptstadt bestimmt werden müsse. Das australische Schiedsgericht, dem man die Lösung der Frage, welche Stadt die Hauptstadt werden sollte, vorlegte, entschied im Oktober 1864 für Wellington, wo nun die Zentralregierung aufgerichtet wurde. Im Jahre 1866 verband man die Nord- mit der Südinsel durch ein in der Cooks-Strasse gelegtes Kabel. Ein Jahr später wurde das New-Zealand-Institut zur Förderung der Wissenschaft und Kunst, und im Jahre 1870 die Universität von Neuseeland gegründet. Im Jahre 1872 ernannte der Statthalter zum erstenmale zwei Maorihäuptlinge zu Mitgliedern des Oberhauses (Legislative Council). 1876 wurde Neuseeland durch ein Kabel mit Australien und durch dieses mit dem Welttelegraphennetze verbunden. Im selben Jahre beseitigte man die letzten provinziellen Sonderrechte und vollendete die Zentralisierung von ganz Neuseeland. 1877 wurde ein Gesetz beschlossen, nach dem jedes Kind unterrichtet werden und der Besuch der öffentlichen Volksschulen ein unentgeltlicher sein müsse. 1879 trat das allgemeine Stimmrecht in Kraft. 1882 begann die Ausfuhr von gefrorenem Fleisch, welche bald eine sehr grosse Bedeutung für Neuseeland gewann und umgestaltend auf den Betrieb der Landwirtschaft einwirkte. Im Jahre 1883 wurde den Maoris eine Amnestie gewährt und diese, wie oben erwähnt, auch auf den berühmten Häuptling Te Kuti ausgedehnt. 1885 fand in Neuseeland eine industrielle Ausstellung statt. 1887 wurden die Kermadek-Inseln Neuseeland einverleibt. 1889 fand abermals eine Ausstellung statt. 1893 wurde den Frauen das Wahlrecht erteilt, und bei der Neuwahl des House of Representatives im November desselben Jahres stimmten die Frauen auch. Mit dieser fortschrittlichen That möge unsere kleine Neuseelandchronik ihren Abschluss finden.

Neuseeland ist ein reiches Land; die Bewohner sind — von den 40000 Maori, die ja nicht in Betracht kommen, abgesehen — tüchtige, anglosächsische Germanen; das Klima ist angenehm und gesund; und die modernen Verkehrsmittel haben die Entfernung von den Mittelpunkten der Kultur überbrückt. So ist es nicht schwer, Neuseeland eine gedeihliche und glückliche Zukunft zu prophezeihen — wenn der Fortschritt auch nicht ein so rascher sein wird, wie es die Neuseeländer selbst wünschen und wohl auch erwarten.

XII. Chorographie.

1. Die Städte.

Es ist oben darauf hingewiesen worden, dass die Bevölkerung Neuseelands sich nicht wie in den meisten anderen australischen Kolonieen an einem Punkte besonders angesammelt und diesem die Bedeutung einer wirklichen, alle anderen Städte an Einwohnerzahl und Bedeutung weit überragenden Hauptstadt verliehen hat, sondern dass da eine grössere Anzahl von kleineren Bevölkerungsansammlungen — Städten — von ungefähr gleicher Bedeutung entstanden ist. Alle diese Städte sind Küstenstädte, keine einzige liegt im Innern. Weil die Küstenpunkte, an welchen jetzt die grössten neuseeländischen Städte stehen, voneinander durch grössere, zum Teil unwegsame Landstrecken getrennt sind, weil sie lange Zeit hindurch — zum Teil sind sie es heute noch — nur durch die Schiffahrt untereinander in Verkehr stehen; weil sie die Zentren sind, von denen aus die Besiedlung der Umgebung erfolgte, und weil die so kolonisierten Territorien annähernd gleich gross und reich sind, entwickelten sich diese Städte ziemlich unabhängig von einander.

Früher waren die zu den einzelnen Küstenstädten gehörigen Besiedlungsgebiete politisch voneinander getrennte „Provinzen"; jetzt sind die Ämter in einer von diesen Städten, Wellington an der Südküste der Nordinsel, zentralisiert, und diese ist nunmehr die offizielle Hauptstadt Neuseelands.

Wellington liegt in 41° 16′ 25″ S., 174° 47′ 25″ O. an den Ufern des Port Nicholson, einer Nordbucht der Cookstrasse. Diese Stadt war die erste und wichtigste von den Ansiedlungen, welche die New Zealand Company in Neuseeland gründete. Der Hafen von Wellington ist sicher und bequem und hat eine Ausdehnung von 10 km in der Länge und ebenso viel in der Breite. Die bedeutendsten Bauten sind das Palais des Statthalters, die Parlaments- und Regierungsgebäude. Die letzteren sind ganz aus Holz. Die Stadt besitzt ein Museum und ziemlich viele Kirchen für die verschiedenen protestantischen Sekten und auch zwei katholische. Die schönste von den Kirchen ist die neue anglikanische St. Peterskirche. Es giebt eine neue, 1897 errichtete „Universität": Victoria College, einen botanischen Garten, der eigentlich nur ein Ver-

Parlamentsgebäude in Wellington.

gnügungspark ist, vier Theater, eine Mädchen-Hochschule und ein katholisches College. Ein beträchtlicher Teil der Stadt ist auf Anschüttungen am Strande erbaut. Im Hafen befindet sich ein Trockendock, welches Schiffe von 2000 Tonnen Gehalt aufnehmen kann. Eine Anzahl Banken sind in stattlichen Gebäuden untergebracht. Mehrere Batterieen schützen die Stadt von der Seeseite.

Die wichtigsten Industrieen sind Gerbereien, Seifensiedereien, Kaffeemühlen, Thür-, Zünder-, Schuh-, Bisquit- und Zuckerbäckerei-Fabrikation, Metallgiesserei, Wagnerei, Ziegelei, Sägemühlen, Wollenspinnerei, Brauerei und Fleischkonservierung. Es werden in Wellington zwei täglich erscheinende und zwei einmal in der Woche erscheinende Zeitungen publiziert.

Die Bevölkerung der Stadt (Borough) Wellington belief sich im Jahre 1896 auf 37441, jene der dazu gehörigen Vororte auf 4317, im ganzen 41758. Im Jahre 1891 zählte Wellington (samt Vororten) nur 34190 Einwohner, so dass die Zunahme der Bevölkerung in den fünf Jahren 1891—1896 22.1% betrug. Es ist das die bedeutendste Zunahme der Einwohnerzahl aller grösseren neuseeländischen Städte.

Die grössten von den anderen Städten Neuseelands sind Auckland, Christchurch und Dunedin, die Hauptorte der (früher selbstständigen) „Provinzen" Auckland, Canterbury und Otago.

Auckland liegt in 36° 50′ S., 174° 50′ 40″ O., am Südufer des Waitemaha-Hafens, einer tiefen Bucht der westlichen Begrenzung des Hauraki-Golfes, an einer Stelle, wo eine in die Westküste einschneidende Bucht so weit ins Land vorspringt, dass nur eine 10 km breite Landenge zwischen dem östlichen und dem westlichen Ozean übrig bleibt. Auckland war früher Sitz des Statthalters, derselbe hat gegenwärtig noch dort ein Palais. Die bedeutendsten Gebäude sind, von diesem abgesehen, die Ämter, Banken und das Museum. Kirchen giebt es ziemlich viele. Auckland ist Sitz eines anglikanischen und eines katholischen Bischofs und einer „Universität", des Auckland University College. Ferner giebt es noch eine Anzahl Mittelschulen, Colleges, Spitäler, Bibliothek u. s. w. Im Hafen ist ein grosses Trockendock errichtet worden.

An Industrieen sind zu nennen: Kesselfabrikation, Sägemühlen (Kauri), Schiffbau, Zuckerraffinerie und Glasfabrikation.

Auckland ist die volkreichste Stadt Neuseelands. Allerdings wohnten im Jahre 1896 in der eigentlichen Stadt („City") nur 31424 Personen. In den zahlreichen Vororten aber, die zur Stadt gehören, nicht weniger als 26192, so dass die Gesamtbevölkerung von Auckland sich im Jahre 1896 auf 57616 bezifferte. Die Zunahme der Bevölkerung in den fünf Jahren 1891—1896 betrug 12·3 %.

Christchurch liegt in 43° 32′ 16″ S., 172° 38′ 59″ O. am Westfusse der Vulkangruppe der Banks-Halbinsel an den Ufern des Avon in der grossen Canterbury-Ebene. Christchurch ist zwar nicht wie Wellington und Auckland eine eigentliche Seestadt, liegt aber dem Hafenorte Lyttelton, mit dem sie durch eine Eisenbahn verbunden ist, so nahe, dass dieser als eine Vorstadt von Christchurch angesehen werden kann und so Christchurch selbst gewissermaassen eine Hafenstadt ist. Nur weil in der Umgebung der Bucht von Lyttelton für eine Stadt kein Raum ist, wurde Christchurch auf der anderen Seite des Berges im Binnenlande und nicht am Strande erbaut. Die wichtigsten Gebäude sind die Ämter, das Museum und die Canterbury-Kathedrale. Der Bau der letzteren ist zwar noch nicht ganz vollendet, ein 64 m hoher Turm jedoch zu Anfang der

Lyttelton.

achtziger Jahre fertig gestellt worden. Bei dem Erdbeben im Jahre 1888 wurden die obersten 8 m dieses Thurmes herabgeworfen. Seither hat man ihn wieder in seiner ursprünglichen Gestalt hergestellt. Ausser der Canterbury-Kathedrale giebt es noch eine Anzahl anderer Kirchen. Viele Schulen und Banken sind in stattlichen Gebäuden untergebracht. Mehrere grosse Parkanlagen und ein „botanischer Garten" — eigentlich auch ein Park — schmücken die Stadt. Zahlreiche artesische Brunnen versorgen Christchurch mit ausgezeichnetem Trinkwasser.

Christchurch ist keine Industriestadt. Abgesehen von einigen Mühlen und Schuhfabriken giebt es keine nennenswerten industriellen Anstalten.

Die Bevölkerung der eigentlichen Stadt betrug 1896 16 964, jene der dazu gehörigen Vororte 34 366, im ganzen 51 330. Der Bevölkerungszuwachs in den fünf Jahren 1891—1896 war viel geringer wie in den Städten der Nordinsel Auckland und Wellington: er betrug nur 7·3 %

Dunedin liegt in 45° 52' 11" S., 170° 31' 7" O. südlich von Port Chalmers an der Südostküste der Südinsel, an der Leithbucht. Dunedin (Neu-Edinbourgh) wurde im Jahre 1848 von einer aus Anhängern der freien Kirche von Schottland bestehenden Gesellschaft gegründet. Bis 1861 machte diese Ansiedlung nur sehr unbedeutende Fortschritte, dann aber, als in Gabriel's Gully, 100 km von Dunedin entfernt, reichere Goldfunde gemacht worden waren, änderte sich dies mit einem Schlage, und rasch blühte nun die Stadt empor. Zahlreiche stattliche Bauten, Kirchen, Schulen, Banken und andere Geschäftshäuser sowie mehrere Parkanlagen schmücken die Stadt. Dunedin ist Sitz eines anglikanischen und eines katholischen Bischofs. In Dunedin befindet sich die Universität von Otago, die bedeutendste Hochschule Nenseelands.

Von Industrien sind besonders die Wollenspinnereien und -Webereien zu erwähnen.

Die Bevölkerung der eigentlichen Stadt belief sich im Jahre 1896 auf 22 815, die der dazugehörigen Vororte auf 24 465, im ganzen 47 280. Die Bevölkerungszunahme in den fünf Jahren 1891—1896 war sehr gering. Sie betrug nur 3.1 %.

Von den anderen Städten sind folgende zu nennen: Grahamstown oder Thames im Hintergrunde des als Frith of Thames bekannten, südlichen Abschnitts des Hauraki-Golfes an der Nordküste der Nordinsel mit (1896) 4261 Einwohnern. New-Plymouth an der Westküste der Nordinsel am Nordfusse des Mount Egmont mit (1896) 3825 Einwohnern. Wanganui, nahe der Südwestküste der Nordinsel im Norden der Cookstrasse, mit (1896) 5936 Einwohnern. Palmerston North, an der Wellington-New-Plymouth-Bahn, binnenländisch im südlichen Teile der Nordinsel gelegen, mit (1896) 5910 Einwohnern. Hastings, nicht fern von der Ostküste der Nordinsel, südlich von der Hawkes-Bucht in den Heretaunga-Ebenen gelegen, mit (1896) 3190 Einwohnern. Napier, an der Ostküste der Nordinsel in der Hawkes-Bucht gelegen, mit (1896) 9231 Einwohnern. Masterton, im südlichen Theile der Nordinsel binnenländisch nordöstlich von Wellington gelegen, mit (1896) 3493 Einwohnern. Blenheim, nahe der der Cookstrasse zugekehrten Nordostküste der Südinsel gelegen, mit (1896) 3018 Einwohnern. Nelson an der Nordküste der Südinsel im Hintergrunde der Tasmanbucht mit (1896) 6659 Einwohnern. Greymouth an der Nordwestküste der Südinsel mit (1896) 3099 Einwohnern. Lyttelton, wie erwähnt, eigentlich nur der Hafenplatz von Christchurch, in der gleichnamigen Bucht der Banks-Halbinsel an der Südostküste der Södinsel, mit (1896) 3898 Einwohnern. Timaru an der Südostküste der Südinsel in der Mitte der grossen Einbuchtung von Canterbury (Canterbury bight), mit (1896) 3613 Einwohnern. Oamaru, südwestlich von Timaru, an der Südwestküste der Südinsel, mit (1896) 5225 Einwohnern. Invercargill an der Südküste der Südinsel, die südlichste, mit Gas beleuchtete Stadt auf der Erde, mit (1896) 5632 Einwohnern.

Alle anderen, wirklich selbstständigen Stadtgemeinden Neuseelands, Städte, die nicht als Vororte anderer, grösserer Städte anzusehen sind, haben weniger als 3000 Einwohner.

Wir haben also, wenn wir die Bevölkerungsverhältnisse der neuseeländischen Städte ins Auge fassen und die Vorstädte den Hauptstädten einverleiben:

```
4 Städte mit . . . 40—60 Tausend Einwohnern
Keine Stadt mit . 10—40      „        „
6 Städte mit . . .  5—10     „        „
8 Städte mit . . .  3— 5     „        „
```

2. Auckland und Rotorua.

Es ist oben schon mehrfach darauf hingewiesen worden, dass unter dem 37. südlichen Parallelkreise zwei einander gegenüberliegende Buchten in den Nordwestzipfel der Nordinsel so tief eindringen, dass hier nur eine schmale Landenge zwischen ihnen übrig bleibt. Diese Buchten, der Hauraki-Golf im Nordosten und die Manukau-Bai im Südwesten, zeigen eine reich gegliederte Strandlinie und entsenden kleine, schmale Ausläufer — Creeks — ins Land hinein. Diese schneiden in den etwa 10 km breiten Isthmus an zwei Stellen tief ein. An einem Punkte sind die oberen Enden der gegenüberliegenden Creeks nur $1\,^1/_2$ km voneinander entfernt: über diese und über noch eine andere Stelle, wo das Land ebenfalls sehr schmal ist, wurden seinerzeit von den Maoris Boote von dem Hauraki nach dem Manukau-Golfe geschafft und umgekehrt.

Zwischen diesen beiden Einschnürungen der Landenge liegt die Stadt Auckland. Die Umgebung derselben ist sehr reich an Vulkankegeln. Einer von ihnen, der nächst der Stadt aufragende Mount Eden, ist ein häufig besuchter Aussichtspunkt. Den Krater desselben füllt ein kleiner See aus. Nach aussen ziehen grasbewachsene Hänge von seinem Walle herab zu den von schwarzen Basalt-Klaubsteinmauern abgegrenzten Feldern, die sich an seinem Fusse ausbreiten. Weiterhin sieht man die Obstgärten und Parkanlagen, die Häuschen und Villen der nächstliegenden Vorstädte. Den langen Meeresarm, welcher den Hafen von Auckland bildet, entlang, breitet weissglänzend die Stadt sich aus. Wie künstlich in den Boden eingelegte Spiegel schimmern die kreisrunden Seeen in den alten Tuffkratern — 63 solche Krater soll man vom Mount Eden aus sehen. In unzähligen Armen und Buchten dringt das Meer in das Land ein. Im Norden, jenseits des Hafens, erhebt sich der stattliche Kegel des Rangitoto, und rechts weiter sehen wir den mit zahllosen Inseln und Inselchen geschmückten Hauraki-Golf. Fern im Norden schliesst die im blauen Dufte verschwimmende kleine Barrier-Insel dieses herrliche Bild ab. Im Osten sieht man die durch ihren Goldreichtum berühmten Hügelreihen der Coromandel-Halbinsel. Im Westen und Süden, landeinwärts erheben sich dunkle bewaldete Bergketten.

In der weiteren Umgebung von Auckland breitet sich das Gebiet der Kauriwälder und jener Sumpfflächen und unfruchtbaren, mit kümmerlicher Farnvegetation bedeckten Lehmhügel aus, wo die Pechgräber zu Tausenden umherwandern, den Boden mit ihren Spiessen sondierend und die Klumpen des kostbaren Harzes mühsam ausgrabend.

Eine Eisenbahn führt von Auckland nach Rotorua, dem Hauptorte des Thermengebietes. Die Fahrt nimmt acht bis zehn Stunden in Anspruch, je nachdem man einen mehr oder weniger langsamen Zug benützt. 60 km weit führt die Bahn durch reich kultivierte Gegenden mit Dörfern und Ortschaften in südwestlicher Richtung der Mitte der Nordinsel zu. Bei der Station Mercer kommt man an den Waikato-Fluss heran, hier ein breiter, wasserreicher Strom. Einige Kilometer weit folgt die Bahntrace dem Flussufer. Dann verlässt man den Strom, um ihn erst bei Huntley wieder zu erreichen. 15 km weiter wird Ngaruawahia, die einstige Residenz des Maorikönigs Potatau erreicht, ein an der Vereinigungsstelle des

Waipa mit dem Waikato malerisch gelegenes Dorf. Die westliche Thalwand ist hier dicht bewaldet, 500 m hoch und ziemlich steil. Auf schöner Eisenbahnbrücke wird der Waikato überschritten. Jenseits des Flusses ist die Gegend sehr öde und unfruchtbar. Vor Hamilton, dem Hauptorte des Waikatogebietes, teilt sich die Bahn: in südlicher Richtung geht es nach Mokau, in östlicher über Hamilton einerseits nordöstlich nach Te Aroha, anderseits südöstlich nach Cambridge. Der Rotoruareisende folgt der Te Aroha-Linie bis Morrinsville. Hier zweigt die Rotorualinie nach Südosten ab. Man kommt da an einen festen, mit Schiessscharten versehenen Turm von ganz mittelalterlichem Aussehen vorüber, der zum Schutze gegen die Maori erbaut, aber nie benützt worden ist, und erreicht Okoroire.

Nicht sehr weit entfernt finden sich einige heisse Quellen, und es ist da eine Badeanstalt mit Hotel u. s. w. errichtet worden.

Niedriges Farngebüsch bekleidet das Land, und die Gegend sieht wenig einladend aus. Es folgt die Station Oxford; die Gegend ist auch hier öde und unfreundlich. Nach einiger Zeit kommt man aber in höheres Gelände, und hier ist die Vegetation eine üppigere: ein Wald von Farn- und anderen Bäumen fasst die Eisenbahn ein. Die Wasserscheide wird überschritten; jenseits geht es über eine von niedrigem Farngebüsch bekleidete Fläche zu dem gar nicht viel tiefer liegenden Rotorua-See hinab.

Das am Ufer des Rotorua-Sees gelegene, gleichnamige Dorf macht einen freundlichen Eindruck. Das bedeutendste Gebäude ist das Sanatorium mit hübschen Anlagen; auch von den Hotels haben einige beträchtliche Grösse. Besonders sehenswert ist die $2^1/_2$ km von der Bahnstation Rotorua entfernte Gruppe von heissen Quellen bei Whakarewarewa. Da finden sich ein Teich, dessen Wasser eine nahe dem Siedpunkte liegende Temperatur hat, ein mit heftig kochendem Schlamme erfüllter Krater, eine Gruppe von kleinen Fumarolen, Dampfstrahlen, welche die Eingeborenen zum Kochen benützen, und dergleichen Dinge mehr. Vielerorts ist der Boden mit Kieselsinter bedeckt. Auf einer kleinen Anhöhe befindet sich ein von einer niedrigen übersinterten Ringmauer umgebenes Loch, welches kochendes Wasser enthält. In diesem hat einmal ein erzürnter Maori einen jungen Mann, der seine Tochter entführt hatte, gekocht, und dann sein Gehirn und seine Augen gegessen, worauf die Stätte von dem alten Herrn mit einer Mauer umgeben und für unberührbar — „tabu" — erklärt wurde. Dort finden sich auch zwei

Löcher, die unterirdisch miteinander zusammenhängen. Das eine ist breit und mit kochendem Wasser gefüllt, welches abwechselnd sinkt und steigt; es steigt, bis es den Beckenrand erreicht hat, wallt dann auf und sprudelt wohl auch an einzelnen Stellen in Springbrunnengestalt mehrere Meter hoch empor, worauf es wieder sinkt. Wenn in diesem Loche der Wasserspiegel zu sinken anfängt, pflegt in dem anderen eine Geysir-Eruption stattzufinden, welche 20 Minuten bis 3 Stunden dauert. Während derselben steigt hier das Wasser bis zu einer Höhe von 25 m empor. Die Eruptionen dieses Geysirs pflegen zweimal täglich stattzufinden; er setzt jedoch zuweilen auf mehrere Tage aus.

In der Umgebung des Rotorua-Sees liegen mehrere andere Seeen, von denen Rotoiti, Rotoehu und Rotoma die sehenswürdigsten sind. Wie hübsch auch der Rotorua-See mit der Mokoia-Insel in der Mitte sein mag, so besitzen doch die genannten Wasserbecken Reize, welche dem Rotorua-See fehlen. Nichts ist angenehmer als — im Sommer — am Ufer des malerischen Rotoiti-Sees zu biwakieren. Dieser $14^1/_2$ km lange See hat eine reich entwickelte Strandlinie; lange Landzungen reichen weit in den See hinein, und zwischen diesen liegen liebliche Buchten. Im Osten zieht stellenweise dichter Wald bis zum Wasser hinab, und zwischen den Waldstrecken ragen Felswände auf. Ein 3 km langer Pfad führt vom Rotoiti-See durch üppigen Urwald zum Rotoehu-See. Der kleine Rotoma-See ist durch die intensiv blaue Farbe seines Wassers ausgezeichnet. Üppiger Wald schliesst ihn auf allen Seiten ein; der Strand selbst ist zum Teil sandig, zum Teil felsig.

Interessanter als diese Seen ist die Höllenpforte von Titikere, ein breites Thal, dessen Boden von heissem Wasser und Dampf ganz durchwühlt ist. In der Mitte liegen zwei kleine, siedende Seen, von denen dichte Dampfwolken und Schwefelwasserstoffgas emporsteigen. Eine schmale Landbrücke trennt die beiden Seen voneinander. Eingehüllt in den giftigen, vulkanischen Dampf und zitternd unter der vulkanischen Kraft, welche sich hier so nahe der Erdoberfläche bethätigt, erscheint diese von den kochenden Wassermassen der beiden Seeen eingefasste Landbrücke in der That wie die Pforte in die „Unterwelt". Nördlich von diesen Seen breiten sich schwefelreiche Sümpfe aus, jenseits derselben gähnt ein dunkler Abgrund, in dessen Boden ein bös aussehender Schlammgeysir brodelt und rauscht.

Sehr interessant ist auch die Stätte des Tarawera-Ausbruches von 1886. Überall sieht man die vulkanischen Auswurfsmassen, welche seither vom atmosphärischen Wasser tief durchfurcht worden sind. Ein langer von einer Kraterreihe gekrönter Spalt durchzieht die Gegend. Das ist der Spalt, in welchem der berühmte Rotomahana-See versunken ist. An Stelle dieses Sees befand sich nach dem Ausbruche ein gewaltiger Abgrund, in dessen Tiefe siendende Schlammmassen brodelten. Jetzt füllt sich dieser Schlund immer mehr mit Wasser: es ist dort ein neuer See in Bildung begriffen.

3. Am Taupo-See.

Zehn Kilometer nördlich von dem, die Mitte der Nordinsel einnehmenden, grossen Taupo-See mündet der Wairakei-Bach in den Waikato-Fluss ein. Am Ufer dieses Baches finden sich zahlreiche heisse Quellen, Geysir u. s. w. Auf einer Strecke von nahezu 1 km Länge werden heisse Quellen und andere hydrovulkanische Erscheinungen an beiden Ufern des Warakei-Baches angetroffen; schon von ferne sieht man dichte Dampfwolken emporsteigen, welche die Lage derselben bezeichnen. Kommt man in die Nähe, so eröffnet sich ein sehr interessanter Anblick. Vor uns liegt ein Thal, durch dessen Grund der Wairakei-Bach, in ein schmales Bett eingezwängt, dahinschiesst. Der warme, feuchte Boden ist mit einer üppigen Vegetation von zarten Farnkräutern bedeckt. Hier und da sieht man kahle Stellen, oft von lebhafter Färbung; das sind heisse, zum Teil siedende Schlammmassen. Überall brechen kleinere und grössere heisse Quellen und Fumarolen aus dem Boden. Das Thal wird von 20 bis 30 m hohen, fast senkrechten Felswänden eingefasst. An einer Stelle erweitert sich der Thalbach zu einem runden, 50 m im Durchmesser haltenden Teich. Steht man am Rande seines blauen Spiegels, so hört man unter sich dumpfe Detonationen und spürt den Boden erzittern. Der Eindruck, den das macht, ist ein unheimlicher: man hat das Gefühl, dass diese ganze Gegend jeden Augenblick in die Luft fliegen könnte — ein gewiss ganz richtiges Gefühl. Eine kurze Strecke stromaufwärts erhebt sich der schwarze Felsring des Terekereke, welcher eine kochende Wassermasse umgiebt, die zuweilen geysirartig mehrere Meter hoch emporsprudelt. Eine Strecke weiter liegt, am Fusse einer dunklen Felswand, die Tuhuatahi-Quelle, eine 15 m breite, stets wallende und heftig schäumende Wassermasse. Etwas weiter stromaufwärts haben wir den grossen Wairakei-Geysir, ebenfalls am Fusse einer Felswand, welche mit einer hellgefärbten Sinterkruste bedeckt ist. Das Loch,

aus dem dieser Geysir hervorschiesst, ist dreieckig. Rings um
dasselbe sind braune Sintermassen abgelagert. In der Tiefe sieht
man kochendes Wasser. Alle acht Minuten ungefähr beginnt dasselbe aufzuwallen. Die Wallung nimmt rasch an Heftigkeit zu und
geht in einen Geysirausbruch über. Zuweilen erreicht der Wasserstrahl eine Höhe von 12 m. Ausser diesem giebt es dort noch
mehrere andere, kleinere Geysir. Einer von diesen scheidet grosse
Mengen von korallenroten Sintermassen ab. $2^1/_2$ km weiter, im
Südwesten, bei Okurawai, entspringt aus der Thalwand eine heisse
Quelle, deren Wasser sehr verschiedenfarbige Sintermassen abscheidet:
jener Teil der Thalwand, welcher von demselben überlaufen wird,
spielt in allen möglichen roten und gelben Farben. Daneben leuchtet
das Grün der üppigen Farnvegetation, und an den kahlen Stellen
tritt das dunkelfarbige, vulkanische Grundgestein zu Tage. Am
Fusse des Abhanges liegen mehrere Wassertümpel. Einige von
diesen sind blau, andere weiss. Diese verschiedenartigen und intensiven Farben vereinigen sich zu einem ganz eigenartigen Bilde.
Jenseits dieser Quellen erhebt sich eine gewaltige Dampfsäule 100 m
hoch in die Luft. Das ist die Karapiti-Fumarole, welche nach Aussage der Maori einstens ein grosser Geysir war.

Südlich von der Wairakei-Mündung stürzt der Waikato-Fluss,
den Huka-Fall bildend, über eine 10 m hohe Bodenstufe herab.
Oberhalb dieses Falles treten die steilen, felsigen Thalwände sehr
nahe aneinander und bilden eine klammartige Enge, durch welche
der Waikato rasch dahinfliesst. Eine Strecke weiter tritt der
Waikato aus dem Taupo-See hervor.

Die Ufer des Taupo-Sees sind sehr öde. Nichts unterbricht
die Einförmigkeit der weiten, unfruchtbaren Fläche, welche grösstenteils aus Bimsstein besteht. Nach den Sagen der Maoris war einst
— und ist heute noch — der Taupo-See die Hauptwohnstätte der
drachenartigen Fische oder Reptilien „Tauiwa". Die Bevölkerung
der unfruchtbaren Umgebung des Taupo-Sees ist eine spärliche.
Die Ortschaft Taupo selbst liegt am rechten Ufer des Waikato,
dort, wo er aus dem Taupo-See hervortritt. Auch in der Nähe
dieses Dorfes finden sich heisse Quellen. In Taupo sind kleine
Dampfer zu bekommen, in denen man den See bequem befahren
und die steilen Klippen seines Westufers besuchen kann. Dort
giebt es interessante Höhlen und Wasserfälle. Einer der letzteren
ist 50 m hoch.

Dem am nordöstlichen, unteren Ende des Taupo-Sees gelegenen

Taupo gegenüber befindet sich am südlichen, oberen Ende desselben die Ortschaft Tokaanu. Das Südostufer des Sees entlang führt eine Strasse von Taupo dahin. Auch in der Gegend von Tokaanu giebt es viele heisse Quellen. Hochstetter schätzte ihre Zahl auf 500. Die interessanteste ist der Geysir Te Korokoro o te Poinga, dessen Strahl zwar sehr dick ist, aber nur 2 m hoch emporsteigt.

Südlich vom Taupo-See liegt der kleine Roto Aira-See. Von diesem, oder besser noch von der Stelle aus, wo die Tokaanu-Pipiriki-Strasse den Waihohonui-Fluss übersetzt (man hat hier ein Touristenbiwak errichtet), können die grossen Vulkanberge Tongariro, Auruhoe und Ruapehu bestiegen werden. Diese Gipfel sind sehr leicht zu erreichen. Am lohnendsten dürfte die Besteigung des Auruhoe (2283 m) sein. Von dem erwähnten Touristenbiwak aus folgt man dem Ohinepango-Bache stromaufwärts bis zu seiner Quelle am Fusse des Kegels. Hier wird biwakiert und dann über die unteren Abhänge angestiegen. Man ist stellenweise dem Steinfalle etwas ausgesetzt. Stets muss die Windseite zum Anstiege gewählt werden, weil auf der Leeseite die vom Krater ausgestossenen Schwefeldämpfe den Aufstieg sehr unangenehm, unter Umständen sogar gefährlich machen. Nach einem ziemlich mühsamen Anstiege über Lavablöcke wird der Schnee und endlich der, wegen seiner vulkanischen Eigenwärme schneefreie Gipfel erreicht. Das Panorama ist ein fast nach allen Richtungen hin unbeschränktes: nur der nahe Ruapehu und der ferne Mount Egmont ragen über die Horizontlinie empor. Der Kraterwall hat einen Umfang von $^3/_4$ km. Innerhalb desselben steht ein kleinerer, bloss 100 m im Durchmesser haltender Kraterwall. Der Krater pflegt mehr oder weniger vollständig mit Dampfmassen gefüllt zu sein. Wenn man den Grund desselben erblickt, sieht man die zahllosen, grösseren und kleineren Fumarolen, welche jenes heftige Rauschen und Brausen verursachen, das die eigenen Worte unverständlich macht. Zuweilen, wenn der Wind die Dampfwolken beiseite weht, sieht man in der Mitte des Kraterbodens einen spaltartigen Schlund, welcher von Zeit zu Zeit dichte Dampfmassen ausstösst. Unter günstigen Umständen erkennt man, dass diese Dampfmassen von einer verborgenen Glut in der Tiefe beleuchtet werden.

Der Ruapehu, der höchste Berg der Nordinsel, ist noch leichter zu besteigen als der Auruhoe. In seinem Gipfelkrater lag vor 1895 ein See, der sich in den Wangaehu-Fluss entleerte. Früher hielt man den Ruapehu für einen erloschenen Vulkan, obwohl er allem Anscheine nach im Jahre 1859 eine geringe Thätigkeit entwickelt hat. Zur Zeit der Tarawera-Eruption im Jahre 1886 stiess er Dampf und vulkanische Asche aus und am 10. März 1895 verdampfte plötzlich unter weithin hörbarem Brausen das Wasser des Sees, welcher bis dahin den Gipfelkrater ausgefüllt hatte, eine nahezu 2000 m hohe Dampfwolke bildend. Am 14. März 1895 wurde ein Auswurf von Felsen aus dem Krater beobachtet.

4. Das Wanganui-Thal.

Eines der schönsten Thäler der Nordinsel ist dasjenige, welches der im Nordwesten des Taupo-Sees entspringende Wanganui in südlicher Richtung durchfliesst, um bei der nach ihm benannten Stadt an der Südküste der Nordinsel auszumünden. Zwischen Taumarunui und Pipiriki — ersteres liegt am Ober-, letzteres am Mittellaufe des Wanganui — hat das Thal desselben streckenweise einen cañonartigen Charakter; 30 bis 50, bei Mangaeo sogar 200 m hohe felsige Steilwände fassen dasselbe ein. Die Vegetation ist sehr üppig und allenthalben, wo es die Neigung der Thalwände nur irgend zulässt, haben Bäume Wurzel gefasst. Auf der Höhe dieser Abhänge giebt es einzelne Ansiedlungen, zu denen Stufen und Leitern an den Thalwänden emporführen. Pipiriki ist ein ziemlich grosses Dorf; die Mehrzahl seiner Bewohner ist maorisch. Zwischen diesem Orte und Wanganui verkehrt ein Dampfboot; angenehmer als in diesem zu reisen ist es aber, die Fahrt diese Stromstrecke hinab in einem Maoriboote (ausgehöhlten Baumstamme) zu machen. Namentlich die Passierung der Stromschnellen, von denen zwischen Pikiriki und der Mündung 47 vorhanden sind, ist in einem solchen Fahrzeuge interessant. Die Maoris sind sehr geschickte Bootsleute; es ist keine nennenswerte Gefahr dabei, und der Eindruck, den man zuerst gewinnt, dass das Boot umkippen müsse, wenn die Haare des in der Mitte sitzenden Reisenden nicht genau in der Mitte gescheitelt sind, eine blosse Illusion. Hohe und schlanke Farn- und Ratabäume schmücken die steilen Ufer, die letzteren zu Weihnachten mit grossen, scharlachroten Blüten bedeckt. Zwischen diesen haben Totara und andere Waldbäume Wurzel gefasst. Hier und da sehen wir Höhlen in den felsigen Thalwänden, vor deren Eingang hängende Schlinggewächse einen schleierartigen Vorhang bilden. Wir kommen an Bächen vorüber, die in schönen Kaskaden von der Höhe herabstürzen. Die Luft ist angenehm und frisch, und der Ruf mancherlei Vögel gesellt sich zu dem gurgelnden Rauschen des Stromes.

Elf Kilometer unter Pipiriki liegt die Ansiedlung Hiruharama (Jerusalem), dann jene Moutoa-Insel, auf welcher im Maorikriege so heftige Kämpfe stattgefunden hatten, weiterhin Ranana (London). Die Stromschnellen in der Nähe der Moutoa-Insel sind die gefährlichsten des ganzen Wanganui-Unterlaufes. Wir fahren an mehreren anderen Dörfern vorüber, welche, ebenso wie die beiden oben genannten, hauptsächlich von Maori bewohnt werden. Hier scheint es ihnen auch besser zu gehen wie anderwärts, sie haben gut gehaltene Felder und hübsche Häuser. Manche von den letzteren sind noch im alten Maoristil.

Endlich erreichen wir das nahe der Flussmündung gelegene Wanganui, ein Städtchen mit ungefähr 6000 Einwohnern an der südwestlichen Küstenbahn. In der Stadt sind zwei, jetzt mit Parkanlagen geschmückte Sandhügel bemerkenswert. Zur Zeit des Maorikrieges standen auf den Gipfeln derselben Befestigungen, in denen wiederholt die Bewohner der damals noch jungen und kleinen Ansiedlung eine sichere Zufluchtsstätte suchten und fanden.

Von den Sehenswürdigkeiten in der Umgebung von Wanganui ist besonders die Klamm des weiter östlich ausmündenden Wangaehu-Flusses zu erwähnen. An einer Stelle sind die Felsen, die dieses Flüsschen einfassen, nur 3 m voneinander entfernt.

5. Die Banks-Halbinsel und die Canterbury-Ebene.

Wenn man die Vulkanberge der Banks-Halbinsel aus grösserer Entfernung betrachtet, so erscheinen sie als eine Gruppe dichtgedrängter, in bläulichen Duft gehüllter Berggipfel, welche frei in der Luft über dem Vordergrunde — sei es der Meeresspiegel, sei es das braune Steppengras der Canterbury-Ebene — zu schweben scheinen. Der grössere Staubreichtum der tieferen Luftschichten lässt ihre Umrisse nach unten hin immer undeutlicher werden, und die Wölbung der Erdoberfläche verbirgt ihren Fuss. Kommt man näher heran, so erkennt man ihre langen, überallhin gleich stark geneigten, aus Lavaströmen und anderen Eruptivstoffen aufgebauten, äusseren, nach Westen gegen die Canterbury-Ebene, nach Süden, Osten und Norden aber gegen das Meer abfallenden Abhänge. Bis man in ihrer nächsten Nähe angekommen ist, erscheint diese Berggruppe als eine geschlossene Masse, erst dann, wenn man ihren Fuss fast erreicht hat, bemerkt man die tiefen Schluchten, welche von aussen her in die Gebirgsmasse hineinführen und dieselbe in einzelne Abschnitte zerlegen. Die grössten, am weitesten ins Herz der Bergmasse hineinreichenden von diesen Schluchten sind die von Süd nach Nord eindringende Bucht von Akaroa und die von Nordost nach Südwest eindringende Bucht von Lyttelton.

Die Horizontalausdehnung der ganzen Bergmasse kommt jener des Ätna gleich. Die Erhebung ist aber eine viel geringere, indem der Mount Herbert, der höchste Punkt der ganzen Gruppe, eine Höhe von kaum 1000 m erreicht.

Stellenweise, so namentlich an den die Bucht von Akaroa einschliessenden Abhängen, finden sich Bäume — ein ziemlich niedriger Wald. Der grösste Teil der ganzen Bergmasse ist aber mit bräunlichem Steppengras bekleidet, und aus dieser Pflanzendecke schauen vielerorts Felsmassen — die Köpfe von mächtigen vertikalen, vulkanischen Gängen — hervor.

Von der Stadt Christchurch, welche nahe dem Westfusse der Banks-Berggruppe steht, ist einer der Gipfel derselben, der Mount Pleasant, welcher zwischen der genannten Stadt und Lyttelton liegt, leicht in einigen Stunden zu erreichen. Ziemlich unvermittelt steigt der Abhang aus der Ebene empor und zieht, mit Gras bewachsen unter durchaus gleicher, mässiger Neigung zu den Felsen — Gangteilen — hinauf, die seinen Gipfel bilden. Die Aussicht ist umfassend und schön. Im Süden breitet sich der grosse Krater aus, welcher durch Barrankenbildung nach Nordosten hin mit dem Meere in Verbindung getreten und so zu der Bucht von Lyttelton geworden ist. Diese langgestreckte Bucht ist an ihrem oberen Ende nach Süden umgebogen. Ihr südöstlicher Strand zeigt eine ziemlich reich entwickelte Küstenlinie: vier schmale Landvorsprünge bilden hier fünf nebeneinanderliegende Nebenbuchten. In der Mitte der Bucht, unserem Standpunkte gerade gegenüber, liegt die kleine, niedrige Quail-Insel. Ein Kranz von Höhen fasst rings die Bucht ein. Uns gegenüber im Süden sind dieselben flach und niedrig, überall sonst aber hoch und gegen die Bucht hin steil gebröscht. Der flache, niedrige Teil der Buchteinfassung im Süden besteht aus einem Streifen von älterem, emporgehobenem Sedimentgestein. Alle übrigen Teile sind aus jungvulkanischen Bildungen zusammengesetzt und erscheinen als ein Kraterwall. Ausserordentlich deutlich lassen sich die sanfte äussere und die steile innere Abdachung desselben erkennen. In sanfter, gleichbleibender Neigung zieht die Aussenabdachung bis zum Fusse des Berges hinab. Die Innenabdachung hingegen erscheint an den meisten Orten als ein zu oberst steiler, fast oder ganz senkrechter Felsabsturz, von dessen Fusse ziemlich steile, nur ganz unten stellenweise sanfter geneigte Hänge zur Strandlinie hinabziehen. Die inneren Steilabstürze sind die Köpfe, die äusseren Abhänge die Flächen der Lava- und Aschenschichten, aus denen der Kraterwall aufgebaut ist. An den oberen Teilen der inneren Abhänge tritt die Schichtung stellenweise sehr deutlich hervor.

Über die nähere Umgebung hinausblickend sehen wir im Osten und Süden das hohe Meer. Im Südwesten erkennen wir, über der erwähnten Depression der Buchteinfassung, welche als ein Durchbruch des Kraterwalles erscheint, hinausblickend, den durch eine zarte Sandbarre vom offenen Meere getrennten Ellesmere-See. Im Norden sehen wir den weiten Bogen der die Pegasus-Bai im Westen einfassenden Strandlinie zu jenen kretazeischen Höhen der Cheviothügel hinüberziehen, über welche im Dufte der Ferne verschwimmend die Gipfel der paläozoischen Küstenkaikoras emporragen. Im Westen breitet sich weithin die grosse Canterbury-Ebene, von der wir emporgestiegen sind, aus. Durchzogen von den breiten, geröllerfüllten Betten der aus den fernen Bergen nach Osten herabkommenden Flüsse, durchquert von den als gerade weisse Linien erscheinenden Strassen und geschmückt mit Kulturen und Häusern, macht diese grosse Fläche einen sehr freundlichen Eindruck. Deutlich erkennen wir, wie gegen uns zu das Strassennetz sich verdichtet, die Häuser zahlreicher werden und baumreiche Parkanlagen in immer grösserer Zahl die sonst baumlose Fläche bedecken. Im Nordosten unseres Standpunktes sehen wir, den Mittelpunkt dieser Spuren der kulturellen menschlichen Thätigkeit bildend, die schöne Stadt Christchurch mit ihrer stolzen Kathedrale und ihren stattlichen Bauten, durchzogen von der glänzenden Schlangenlinie des von Weiden eingefassten Avon-Flusses.

Die Canterbury-Ebene zieht vom Westfusse der Anhöhe, auf der wir stehen, ununterbrochen bis zu den aus paläozoischen und noch älteren Gesteinen bestehenden Malvern-Hügeln hinüber. Diese bilden, von hier aus gesehen, die äussersten Vorberge der mächtigen Alpenkette im fernen Westen. Bergreihe erhebt sich hier hinter Bergreihe, triassische, paläozoische und azoische Ketten, höher und immer höher ansteigend bis zu den schneegekrönten Gipfeln des Zentralzuges, dem stolzen Aorangi und seinen Vasallen.

Die Canterbury-Ebene verdankt der Anhäufung von Flussgeröll ihre Entstehung. Sie besteht ganz aus fluviatilen Bildungen. Zuerst submarin abgelagert, bildeten diese einen Sockel, dem dann die gegenwärtig oberflächlich liegenden Schichten aufgesetzt wurden. Zur Zeit der Schneeschmelze sind die Ströme, welche von den neuseeländischen Alpen nach Osten herabfliessen, sehr wasserreich, und sie führen dann grosse Massen von Gesteinsmaterial mit sich herab. Dieses wird wegen des gegen die Mündung hin abnehmenden Gefälles dieser Flüsse auf dem ganzen Wege vom Gebirge bis zum Strande liegen gelassen: den Ursprüngen dieser Ströme zunächst, in der Nähe des Gebirges, bleiben im allgemeinen die grössten und schwersten Trümmer zurück, der Mündung zunächst die leichtesten und kleinsten. Leicht lässt sich, wenn man einem dieser Flüsse entlang stromauf reist, ein allmähliches Grösserwerden der grössten Rollstücke erkennen. Wo die Ströme fliessen, erhöhen sie durch diese Ablagerung den Boden und bilden solcherart breite Dämme, auf deren Kronen sie dann dem Meere zueilen.

Die von Netzen schmaler Wasserarme durchzogenen Flussbetten, welche in Gestalt von ausgedehnten, 2 km und darüber breiten vegetationslosen Geröllstreifen die Canterbury-Ebene durchqueren, sind die Stellen, an welchen gegenwärtig diese Anschüttung und Dammbildung stattfindet. Sobald ein solcher Damm das umliegende Land merklich überragt, wird der Fluss, der ihn aufgebaut hat, seine Krone verlassen und neben ihm einen neuen Lauf einschlagend mit dem Bau eines neuen Dammes beginnen. Allerorten ist an den Flüssen der Canterbury-Ebene dieses Ändern der Laufrichtung zu erkennen. Der Strom verlässt die eine Seite seines Bettes: hier rückt die Vegetation über die Geröllhalden vor. An der anderen Seite breitet er sich aus, grasbewachsene Stellen wegreissend und Geröllmassen ablagernd. So ihren Lauf immerfort verändernd, müssen die Flüsse alle Teile der Ebene nacheinander erreichen und anschütten, eine allgemeine Erhöhung derselben herbeiführend. Und ebenso wie diese Ebene vertikal in die Höhe wächst, wächst sie auch horizontal in die Breite, indem das angrenzende Meer angeschüttet und die Strandlinie immer weiter nach Südosten vorgeschoben wird. Lange hölzerne Eisenbahnbrücken überspannen die breiten, gewöhnlich nur von spärlichen Wasseradern durchflossenen, als Geröllstreifen erscheinenden Flussbetten, welche für die Canterbury-Ebene so charakteristisch sind und uns zeigen, wie derartige präalpine Ebenen durch Anhäufung von Flussgeröll aufgebaut werden. Sie geben uns auch eine Vorstellung davon, wie die norditalienische Tiefebene im Südosten des europäischen Alpenbogens ausgesehen hat, ehe der Mensch durch mächtige Dammbauten den wilden Alpenströmen feste Bahnen angewiesen hatte.

Lange nicht alles Wasser, das von den neuseeländischen Alpen nach Südosten herabfliesst, strömt in diesen Betten oberflächlich dahin. Ein grosser Teil findet — als Grundwasser — unterirdisch seinen Abfluss in das Meer. In der Mitte der Canterbury-Ebene lassen sich zwei verschiedene Grundwasserströme unterscheiden: ein oberer, welcher Schwankungen unterworfen ist und eine spezifische Grundwasserfauna enthält, und ein unterer, konstanter, welcher tierlos ist. Der seichtere von diesen Strömen tritt, wo die Decke wasserundurchlässig ist, als artesisches Wasser auf, welches in Bohrlöchern mehr oder weniger hoch emporsteigt. Wie oben erwähnt, findet sich in Christchurch solches artesisches Wasser.

6. Das Tasman-Thal.

Es sind oben schon die Lage und die Dimensionen des Tasman-Thales angegeben worden. Als ein typisches und als eines der grössten von den neuseeländischen Alpenthälern sowohl, als auch deshalb, weil es den grössten Gletscher des Landes in sich birgt und von den höchsten Bergen desselben eingefasst wird, verdient das Tasman-Thal wohl auch an dieser Stelle genauer geschildert zu werden; und da es mir vergönnt war, gelegentlich meiner Reise im Jahre 1883 den bis dahin unbekannten obersten Teil dieses Thales kennen zu lernen und die erste Besteigung des Gipfels, welcher seinen Abschluss bildet, auszuführen, mag es gestattet sein, hier einiges aus meinen damaligen Erlebnissen wiederzugeben.

Der im Tasman-Gletscher entspringende Tasman-Fluss mündet in den Pukaki-See, um aus diesem als Pukaki-Arm des Waitaki wieder hervorzutreten und sich mit anderen ähnlichen Armen zu dem Waitaki zu vereinigen. Derjenige, grösstenteils meridional verlaufende, Teil des von diesem Tasman-Pukaki-Flusse durchströmten Thales, welcher oberhalb des Pukaki-Sees liegt, ist das Tasman-Thal. Dasselbe kann zu Fuss über die eine oder andre Einsattlung im wasserscheidenden Hauptkamme von der Nordwestküste aus, sowie auf fahrbaren Wegen von den Kulturstätten im Osten und im Süden erreicht werden. Wenn die Pässe, die von Nordwesten her zum Tasman-Thale führen, auch an sich nicht besonders schwer zu überschreiten sind, so kommen sie praktisch als Zugänge doch kaum in Betracht, weil einerseits die Thäler, welche von der Nordwestküste zu ihnen emporführen, mit dichtem Urwald ausgefüllt und sehr schwer zu durchwandern sind, und weil andrerseits jener Teil der Küste, in den sie ausmünden, völlig unbewohnt und durchaus nicht leicht zugänglich ist. In der That sind diese Pässe bisher erst wenige Male und nur von wohlausgerüsteten Alpenexpeditionen überschritten worden.

Was die fahrbaren Zugänge von Osten und Süden anbelangt, so ist zu bemerken, dass der Tasman-Fluss, welcher den Boden des Thales mit dem Netze seiner vielfach verzweigten Arme überzieht, weiter oben dicht an die östliche Thalwand herantritt und es dadurch unmöglich macht, auf dieser Seite über den flachen Thalboden thalauf zu wandern. Der westliche Rand des Thalbodens dagegen wird von den Tasman-Armen frei gelassen: auf dieser Seite muss man hinauf. Wenn man von Süden von dem Gebiete der Fjordseeen herkommt — dieser Weg führt über Omarama — so erreicht man die Tasman-Pukaki-Thalfurche südwestlich vom Pukaki-See und kann von hier auf einem — allerdings recht schlechten — Wege ohne Schwierigkeit, immer am westlichen Thalrande bleibend, durch das Tasman-Thal bis zu dem von Nordwesten her einmündenden Hooker-Thale hinauffahren. Im unteren Teile des Hookerthales, am rechten Ufer des Flusses, der dasselbe durchströmt, steht jetzt ein Alpenwirtshaus. Bis zu diesem reicht der Fahrweg.

Wenn man von Osten, von einer der Städte der Südostküste herkommt, so ist es am besten, mit der Bahn nach Fairley Creek zu fahren. Dieser Punkt liegt genau östlich vom Pukaki-See. Um von hier aus den wegsamen Westrand des Tasman-Thales zu erreichen, muss man zunächst den Tekapo-Fluss und dann noch den Tasman-Pukaki-Fluss übersetzen. Über den Tekapo kommt man auf einer Brücke dicht unter dem Tekapo-See. Auch der Tasman-Pukaki-Fluss wird von einer Brücke überspannt; diese liegt unterhalb des Pukaki-Sees. Um jedoch über diese Brücke den oberen Teil des Tasman-Thales zu erreichen, muss man einen sehr weiten Umweg nach Süden um den ganzen Pukaki-See herum machen. Viel näher ist es, von der Tekapo-Brücke aus quer über Land in nordwestlicher Richtung zum Tasman-Thale hinüberzugehen und dann den Strom zu übersetzen. Das Misslichste an diesem (nächsten und direktesten) Wege ist die Überschreitung des Stromes, welche in anbetracht seines Wasserreichtums und grossen Gefälles nur bei besonders niedrigem Wasserstande ohne Gefahr bewerkstelligt werden kann, gewöhnlich aber schwierig und gefährlich ist.

Zur Zeit meiner Reise waren diese Verhältnisse nicht so genau bekannt, und man wusste nicht, dass nur der Westrand des Tasman-Thalbodens gangbar sei. So kam es, dass ich damals die letztgenannte direkte Route einschlug, um mein Reiseziel, den den obersten Teil des Tasman-Thales ausfüllenden Tasman-Gletscher, zu erreichen.

Damals im Jahre 1883 reichte die Fairley Creek-Bahn nur bis Albury. Bis dorthin benutzten wir sie, brachten dort die Nacht zu und setzten andern Tags in einem grossen hochrädrigen Karren

Der Aorangi vom oberen Tasman-Thal.

unsre Reise fort. In dem 751 m über dem Meere gelegenen Bourke's-Passe übersetzen wir jene paläozoische Hügelkette, welche den nordöstlichen Teil der Einfassung des Waitaki-Gebietes bildet, und erreichten über ödes, vollkommen baumloses glaciales Moränenland die schöne Tekapo-Brücke und das jenseits derselben stehende Gasthaus — damals das letzte Unterkunftshaus auf diesem Wege.

Der Hintergrund des Tekapo-(Godley-)Thales ist sehr schön; hohe, stark vergletscherte Berggipfel fassen denselben ein und spiegeln sich in den Fluten des zu unsren Füssen ausgebreiteten Sees. Das Wasser dieses von einer Glacialmoräne aufgestauten Sees ist milchig trübe.

Zwischen dem Tekapo-See und dem Tasman-Thale breitet sich ein wellenförmiges Hügelland aus. Braunes Steppengras bekleidet seine Oberfläche, und allenthalben ragen Teile von grösseren Felstrümmern über die Pflanzendecke empor: dieses ganze Gebiet ist eine glaciale Moräne.

Auf halbem Wege zwischen Tekapo- und Tasman-Thal gewinnt man einen Ausblick auf den höchsten Gipfel der neuseeländischen Alpen, den Aorangi, der einem steilen Zeltdache gleich sein weiss flimmerndes, scharf gezeichnetes Haupt über die öden Grashügel des Vordergrundes erhebt.

Nach längerem Ritte erreichten wir den Rand dieser Hügellandschaft und blickten über einen hohen und ziemlich steilen Abhang hinab zu dem breiten und flachen Boden des vor uns liegenden Tasman-Thales. Dieser Thalboden erscheint als eine von den Armen des Tasman-Flusses wie von einem Netze weiss glänzender Bänder durchzogene Geröllfläche. Nur stellenweise unterbrechen Raseninseln die öde Fläche. Unvermittelt tauchen die ziemlich steilen, vollkommen baumlosen Thalwände unter diese Ebene hinab: das Ganze macht einen nichts weniger als freundlichen Eindruck.

Wir ritten in das Thal hinab und bezogen in der Nähe der letzten menschlichen Behausung auf dieser Thalseite ein Biwak. Der nächste Tag wurde trigonometrischen Arbeiten gewidmet und dann in einem weiter thalaufwärts gelegenen Biwak übernachtet. Von diesem zweiten Lager aus wollten wir den Fluss übersetzen, was jedoch die Höhe seines Wasserstandes verhinderte. Die Versuche, die linke östliche Thalwand entlang bis zum Tasman-Gletscher emporzudringen, blieben ebenfalls erfolglos. Das gegen den Gletscher zu die Thalwände bedeckende überaus dornige und dichte subalpine Gestrüpp machte, wenn auch nicht gerade unser eigenes Vordringen, so doch die Fortschaffung unserer Impedimenta auf dieser Seite unmöglich.

Acht Tage mussten wir in jenem Zeltlager meist bei schlechtem Wetter ausharren, ehe der Fluss so weit gesunken war, dass wir seine Überschreitung wagen konnten. Endlich gelang es uns hinüberzukommen. Wir waren hierbei vom Glück begünstigt, und es ereignete sich trotz der Tiefe des Wassers und der reissenden Strömung kein Unfall. Jenseits des Tasman-Flusses ging es nun in nördlicher Richtung hinauf, und wir erreichten die drei über einen breiten Schuttkegel herabstürmenden Arme des Hooker-Flusses.

Oberhalb des Hooker nimmt der westliche Randteil des Bodens des Tasman-Thales einen viel freundlicheren Charakter an: es ist deutlich zu erkennen, dass der Fluss, wie sehr er auch sonst seinen Lauf verändern mag, hierher schon lange nicht gekommen ist. Dieser Abschnitt des Thalbodens verdankt es jedenfalls dem von Westen her weit in das Tasman-Thal hineinreichenden Schuttkegel des Hooker, dass er von den zerstörenden Fluten des Tasman nicht heimgesucht wird. Hier bedeckt üppiger Rasen den Boden, und das Gras ist nicht so braun und dürr wie draussen im Gebiete der glacialen Moränenhügel, sondern infolge der grösseren Niederschlagsmenge saftig und frisch.

Vor nicht allzulanger Zeit reichte der Tasman-Gletscher einige hundert Meter weiter thalabwärts als gegenwärtig. Damals baute er eine grosse bogenförmige Endmoräne auf. Der östliche Teil dieses das Thal quer durchsetzenden steilen und hohen Moränendammes ist durch den Tasman-Fluss weggewaschen worden. Der westliche Teil desselben steht noch und ist mit dichtem Dorngestrüpp bekleidet. In dem Winkel zwischen dieser alten Moräne und der westlichen Thalwand errichteten wir unser Depot, denn dieses war der äusserste Punkt, bis zu welchem damals Tragtiere gebracht werden konnten. Einige von meinen Leuten brachten Proviant u. s. w. hier herauf, andere trugen die Sachen weiter zu dem Hauptlager, welches wir später weiter oben an der Westseite des Gletschers errichteten.

Das weitere Vordringen über dieses Depot hinaus gestaltete sich sehr schwierig, weil einerseits die Thalwände und alten Moränen mit einem überaus dichten und stachligen Dorngestrüpp — ich habe oben meine Ansichten über die Entstehungsweise desselben entwickelt — bekleidet sind, und andrerseits der Gletscher selbst in seinen unteren Partieen von einer einzigen riesigen neuen Endmoräne, über welche man nur sehr schwer fortkommt, bedeckt ist. Vier Tage brauchten wir, um hier eine Entfernung von 8 km zurückzulegen und einen Punkt zu erreichen, der sich zur Errichtung des Hauptlagers eignete.

Die Zunge des Tasman-Gletschers wird zu beiden Seiten von Längsthälern begleitet, welche den Eisstrom von den Thalwänden trennen. Durch das östliche von diesen Seitenthälern fliesst der aus einem linken Nebenthale des Tasman kommende Murchison-Fluss hinab; das westliche Seitenthal hingegen hat einen grösstenteils trockenen Boden; nur an einzelnen Stellen finden sich Tümpel oder Miniaturseen in seinem unebenen Grunde. Der unterste (südlichste) von den dem Tasman-Gletscher von Westen zuströmenden Nebengletschern, der Ball-Gletscher, durchquert dieses westliche Seitenthal.

Dicht unterhalb der Stelle, wo der Ball-Gletscher das Seitenthal abschliesst, errichteten wir in dem Grunde desselben unser Hauptlager. Gegenwärtig führt ein Reitsteig bis an diese Stelle, und es ist an derselben eine Schutzhütte errichtet worden.

Geht man von hier aus hinüber zu der Mitte des Gletschers, so gewinnt man einen herrlichen Anblick des Eisstromes und der gewaltigen Bergmassen, welche denselben einfassen. Weithin nach Norden und nach Süden dehnt sich der Gletscher mit seinen Riesenmoränen aus. Nach Süden blicken wir hinaus durch die breite Furche des Tasman-Thales bis zu dem von lichten Nebelstreifen bedeckten Pukaki-See. Eine reich gegliederte Felswand mit tief eingerissenen Schluchten und scharf vortretenden Kanten steigt nach links, nach Osten, hin aus dem Boden des Tasman-Thales empor, um weiterhin die linke Wand des Murchison-Thales zu bilden. Vor diesem strebt eine andre Bergmasse empor, ein Rücken, welcher von der Vereinigungsstelle des Murchison- mit dem Tasman-Thale zu den Berggipfeln hinaufzieht, die das Becken des Tasman-Gletschers im Osten begrenzen. Nach Norden thalaufblickend sehen wir den Tasman-Gletscher nach rechts sich wenden und hinter einem Sporn jener östlichen Bergmasse verschwinden. Dieser Sporn verbirgt auch den Hochstetter-Dom, welcher sich am oberen Ende des Gletschers erhebt und den Schluss des Tasman-Thales bildet. Wohl sehen wir aber seinen westlichen Nachbar, den breit domförmigen Mount Elie de Beaumont. Von letzterem zieht ein mächtiger Gebirgskamm in südlicher Richtung gegen unsern Standpunkt zu, um mit dem bastionartig in das Tasman-Becken vorspringenden Mount De la Bèche zu enden. Vielgipflig erhebt dieser Berg gerade vor uns sein mächtiges Haupt. Links vom Delabèche sehen wir den, fünf getrennte Mittelmoränen tragenden Rudolf-Gletscher zum Hauptkamme emporziehen. Der letztere erscheint hier als eine Firnkante, welcher eine Reihe von felsigen Gipfeln enträgt. Bald beginnt der Kamm nach links hin anzusteigen, und es ziehen von ihm grosse Firnströme zwischen vorragenden Felskanten zum Rudolf- und weiterhin, unterhalb der Stelle, wo dieser in den Tasman-Gletscher einmündet, zu letzterem herab. Weiter im Süden tritt ein niedriger Rücken gegen den Tasman-Gletscher vor. Der letztgenannte ist es, welcher den oben erwähnten Ball-Gletscher im Süden begrenzt. Dieser Rücken hat einen nordöstlichen Verlauf und zwingt den Ball-Gletscher, dieselbe Richtung einzuschlagen, so dass letzterer unter einen ziemlich spitzen Winkel auf den nach Süden strömenden Tasman trifft. Die derart gegeneinander sich bewegenden Eismassen stauen sich an der Stelle, wo sie zusammenstossen, und werden durch die dabei zu stande kommenden unregelmässigen Zug- und Druckkräfte vielfach zerspalten. Gerade vor uns im Westen erreicht diese Zersplitterung des Eises ihren Höhepunkt. Die hier aufgetürmten wild zerklüfteten Eismassen bilden den Vordergrund zu einem der grossartigsten Alpenbilder, die ich kenne. „Gletscher, Felsen und fabelhaft steile, lawinendurchfurchte Schneefelder", schrieb ich seinerzeit über diesen Anblick, „türmen sich zu einem Walle von 2700 m Höhe übereinander auf, der so nahe liegt, dass der höchste Punkt desselben, die höchste Spitze des Mount Cook[1]) mit einer Elevation von 31° drohend auf uns herabblickt. Seine konkave Gestalt ermöglicht einen deutlichen Überblick über den ganzen Wall." Zwei Felssporne stützen, mächtigen Strebepfeilern gleich, diesen Wall. Der nördliche von ihnen ist leicht zu ersteigen. Ich habe auf einer vortretenden Felsspitze desselben zwei Nächte zugebracht und von dort aus einen grossen Teil des Tasman-Beckens trigonometrisch und photographisch aufgenommen.

Um von unserem Hauptlagerplatze unter dem Ball-Gletscher — wo jetzt die Hütte steht — an den Fuss dieses Felssporns heranzukommen, muss man über den Tasman-Gletscher hinauf. Hier oben zerteilt sich seine weiter unten kontinuierliche Endmoräne in Seiten- und Mittelmoränen, zwischen denen Streifen freien Eises liegen. Hat man die rechte Seitenmoräne und die Klüfte an der Zusammenstossstelle des Tasman- und Ball-Gletschers überschritten, so kommt man auf einen solchen freien Eisstreifen und erreicht, demselben nach aufwärts folgend, ohne Schwierigkeit den Fuss jenes Felssporns.

---

[1]) Damals dachte niemand daran, diesen Berg anders als Mount Cook zu nennen. Der Maoriname Aorangi war kaum bekannt und wurde nie benutzt. Seither hat man angefangen, soweit als thunlich die alten Maorinamen wieder in ihr Recht einzusetzen und belegt jetzt den Gipfel des höchsten Berges mit dem ihm von den Eingeborenen gegebenen Namen Aorangi. Ich begrüsse dieses Streben nach Aufrechterhaltung der alten Maorinamen auf das wärmste und benutze dieselben jetzt auch meinerseits.

Wie oben erwähnt, unterscheidet sich der Tasman-Gletscher von unseren europäischen Alpengletschern durch die relativ viel grössere Zunge, durch die ungeheuren Moränen und durch die Seitenthäler. Ausser diesen hat er noch andere Eigentümlichkeiten. Da sind zunächst grosse dolinenartige, trichterförmige Einsenkungen zu erwähnen, welche in beträchtlicher Anzahl auf seiner Oberfläche vorkommen. Diese kann man vielleicht als erweiterte alte Gletschermühlen ansehen. Dann haben wir mehrere Meter tief eingerissene Bachbetten, in denen an warmen Sommertagen das oberflächliche Schmelzwasser dahinfliesst. Zwar kommen solche Rinnsale auch bei uns vor, sie sind auf unsern Gletschern aber viel kleiner und unbedeutender als am Tasman, wo sie auf weite Strecken hin nicht überschritten werden können und dem Wanderer öfters Schwierigkeiten bereiten. Mäandrischen Laufes durchziehen sie die Eisstromfläche, ihre Ränder an den konvexen Seiten unterwaschend.

Auf dem Wege vom Hauptlager — der Ballhütte — zum Fusse der nördlichen der beiden Felssporne, welche, wie erwähnt, vom Aorangigrat zum Tasman-Gletscher herabreichen, kommt man an dem zwischen ihnen herabziehenden Hochstetter-Gletscher, dem grossartigsten von den Eiszuflüssen des Tasman, vorüber. Die höchste Erhebung der neuseeländischen Alpen, die Kammstrecke Aorangi-Mount Hector-Mount Tasman, bildet die Schlusswand des Firnbeckens dieses Gletschers. In steilen Wänden setzt diese Kammstrecke zu einer 2000 und 2300 m über dem Meere liegenden Terrainstufe ab. Auf der letzteren sammeln sich seine Firnmassen und sie fliessen über dieselbe nach Osten bis zum Stufenrande langsam herab. Die beiden Bergsporne, welche die seitlichen Begrenzungen des Hochstetter-Gletschers bilden, rücken am Stufenrande so nahe aneinander, dass sie hier nur ein $1^1/_2$ km breites Thor zwischen sich offen lassen, durch dieses treten die Firnmassen hervor. Von dieser Pforte zieht ein etwa 40° steiler, 700 m hoher, unregelmässiger, stufiger und stellenweise von vorragenden Klippen unterbrochener Abhang zum Tasman-Gletscher hinab. Oben, an der Stufenkante, wo die Eisplatte sich plötzlich herabbiegt, entstehen gewaltige Querspalten, und die also zerklüftete Firnmasse wird auf ihrem weiteren Wege über den Abhang herab infolge seiner Unregelmässigkeiten zu einer Masse von Eissäulen zersplittert. Oben rascher als am Grunde sich bewegend, neigen sich diese nach vorne und überstürzen sich. So verwandelt sich die ganze Eismasse in ein Chaos von gewaltigen, wild durcheinander geworfenen Türmen und Zinnen. Merkwürdig konstrastiert die scheinbare Ruhe, die über dem Eisfall schwebt, mit den kühnen, Kraft und gewaltige Bewegung zum Ausdrucke bringenden Trümmern, aus denen er besteht.

An zwei Stellen sind die Stufen des Felsenbettes, über welches der Gletscher herabzieht, so steil und hoch, dass das Eis sie nicht zu verhüllen vermag. Über den oberen Rand dieser Wandpartieen vorgeschoben, stürzen die Firnmassen von Zeit zu Zeit wie ein Wasserfall herab, um, an ihrem Fusse angelangt, noch eine Strecke weit fortzugleiten. Einer Wolke gleich stieben die kleinen Bruchstücke des im Auffallen zerschellenden Eises empor. Dem dumpfen Krachen des Sturzes gesellt sich das Klirren der zerbrechenden Eisstücke, und an den Bergwänden hin zieht allmählich verklingend der Wiederhall des Donners der Eislawine.

Oberhalb der Stelle, wo sich der Hochstetter-Gletscher mit dem Tasman vereinigt — am Fusse des die beiden Eisströme trennenden Bergspornes, über den wir hinauf wollen — findet sich ein grosses, etwa 100 m breites und ebenso tiefes, sehr steilwandiges Loch am Gletscherrande.

Wenn man die richtige Anstiegsroute findet, ist es nicht schwer, über diesen, Lindagrat oder Tasmangrat (Tasmanspur) genannten Bergsporn hinaufzukommen.

Ein Thal trennt den Ostfuss desselben vom Tasman-Gletscher. Dasselbe ist als eine Fortsetzung jenes mehrfach erwähnten westlichen Randthales im Süden des Ball-Gletschers aufzufassen.

Der Bergsporn selbst ist in seinen unteren Partieen mit Gras, niedrigem Wachholder und Alpenblumen bewachsen. Bald hört jedoch die Wachholdervegetation und weiterhin, in einer Höhe von 1750 m, auch die Blumen- und Gras-Vegetation auf; die oberen Partieen sind felsig.

Die bemerkenswerteste von den hier vorkommenden Alpenblumen ist das unserem europäischen Edelweiss ähnliche *Gnaphalium anceps*.

Unser Bergsporn bildet, ehe er unter die Firnmassen der oberen Regionen des Ostabhanges des Aorangi-Kammes taucht, eine scharf vortretende, über 2000 m hohe Felsspitze. Diese war es, welche ich als Standpunkt zur Aufnahme der Umgebung ausgewählt hatte. Die Rundschau von derselben ist eine sehr grossartige.

Im Nordwesten erhebt sich die breite Firnschneide der Haidingerspitze, von welcher steile, lawinendurchfurchte Eishänge, unterbrochen von einzelnen, vortretenden Felsrippen, in gewaltiger Flucht nach rechts herabziehen zum Tasman-Gletscher. Über den steilen Grat, welcher vom Haidinger nach Osten absetzt, sehen wir jenen bogenförmigen, von einzelnen felsigen Gipfeln, Kantspitze, Rudolfspitze und anderen überragten Firnkamm, welcher den Rudolf-Gletscher einfasst. Dieser Gletscher wird von sechs getrennten Firnarmen gespeist, und es ziehen fünf Mittelmoränen, die Grenzen des von jenen Zuflüssen stammenden Eises bezeichnend, über seine Oberfläche herab. Dieses Hervortreten der Moränen beweist, dass der Rudolf-Gletscher — er ist ein nordwestlicher Nebengletscher des Tasman — unter der Schneegrenze liegt. In der Rudolfspitze nach Südosten sich wendend, zieht der Kamm über einen breiten Schneesattel zu dem mächtigen Massiv des Mount De la Bèche hinüber. Rechts hinter demselben erhebt sich der breite Schneedom des Mount Elie de Beaumont und weiterhin der wilde Felsgrat der Wilczekspitze.

Von dem Kamme, welcher von der Zusammenflussstelle des Rudolf- und Tasman-Gletschers zum De la Bèche, und weiter zum Elie de Beaumont zieht, senken sich steile Firnfelder und Felsrippen nach rechts hinab zu dem obersten, etwas nach Osten gewendeten Teile des Tasman-Gletschers. Ein schräger, doppelgipfliger Schneeberg, der Hochstetter Dom, durch einen breiten Schneesattel — den die Leute seither nach mir benannt haben — vom Elie de Beaumont getrennt, bildet den Abschluss des Eisstromes. Der rechte, östliche, schärfere von seinen zwei Gipfeln ist der höhere. Vor demselben sehen wir einen Felsrücken ziemlich weit in den oberen Tasmanfirn hinein vorspringen. Dieser schwingt sich nach rechts hin zu dem scharfen Felsgrate des Mount Darwin empor. Von letzterem läuft der gipfelreiche, östliche Grenzkamm des Tasman-Gletschers in südlicher Richtung. Während der westliche Grenzkamm des Tasman sehr stark vergletschert ist, trägt dieser östliche nur unbedeutende Firnfelder. Weitaus der schönste von den Gipfeln dieses Kammes ist die uns gegenüber aufragende, kühne Felsenpyramide des Mount Malte Brun.

Wie schön aber der Anblick dieses Bergkranzes auch sein mag, so fesselt doch vor allem der gewaltige, zu unseren Füssen vorüberziehende Eisstrom des Tasman-Gletschers die Aufmerksamkeit. Wir sehen, wie er, das breite Thal von einer Wand zur anderen ausfüllend, geradlinig vom Mount De la Bèche herabzieht. Wir sehen, wie sich am De la Bèche-Fusse der in fast gleicher Richtung herabziehende Rudolf-Gletscher mit dem von rechts herkommenden, oberen Tasman zu diesem Hauptstrome vereinigt. Wir sehen seine Mittel- und Seitenmoränen nach unten hin immer breiter werden und endlich zu der ungeheuren, hügeligen Endmoräne verschmelzen. Wir sehen, wie nach oben hin, am Rudolf-Gletscher und am oberen Tasman, diese Moränen allmählich verschwinden, und erkennen genau die durch jene oberen Moränenenden bezeichnete Lage der Schneegrenze. Wir sehen die reiche Skulptur der Eisoberfläche, die Spaltensysteme und Rinnsale, Trichter und Gletschermühlen. Von den unter der Schneegrenze gelegenen Spaltensystemen ist dasjenige des Gletscherbuges am De la Bèche-Fusse das bedeutendste. Ganz kolossale Schründe bemerken wir oberhalb der Schneegrenze am Ostabhang des De la Bèche und am Südabhang des Hochstetter-Doms.

Nach Vollendung der Arbeit auf diesem Punkte kehrten wir zu unserem Hauptlager zurück und unternahmen dann von dort aus den Versuch, den Tasman-Gletscher in seiner ganzen Länge bis an sein oberes Ende zu überschreiten und den Hochstetter-Dom, welcher den Abschluss desselben bildet, zu besteigen.

7. Hochstetter-Dom und Aorangi.

Vom Mount Malte Brun zieht ein eisfreies, grasbewachsenes Thal in westlicher Richtung zum Tasman-Gletscher hinab. Dasselbe mündet unterhalb des Gletscherbuges aus.

Wir beschlossen, zu diesem Thale hinaufzugehen, in demselben zu übernachten und von dort aus die geplante Ersteigung zu versuchen. Die Zerklüftung am Gletscherbuge reicht ziemlich weit nach abwärts; wir mussten ein Stück dieses Spaltensystems überschreiten, um jenes „Malte Brunthal" zu erreichen, was uns einige Mühe machte. Die Spalten schliessen mit der Längsachse des Gletschers Winkel von 45° ein, sind aber nicht wie echte Randspalten gegen die Gletschermitte hin nach abwärts, sondern nach aufwärts gerichtet: sie erstreckten sich senkrecht zu unserer Marschrichtung. Diese Spalten sind durchschnittlich etwa 5 m breit und liegen einander so nahe, dass kaum ebenso breite Eismauern zwischen ihnen übrig bleiben. Da wir uns hier ziemlich tief unter der Schneegrenze befinden, so sind die oberen Ränder dieser Eismauern von der Sonnenwärme stark abgeschmolzen und hie und da zu scharfen Eisschneiden verschmälert. Diese Spalten zwangen uns, nach rechts hin auszuweichen. Wir erreichten nach längerem Umherklettern in den Spalten — was namentlich für den (mich!), der den Theodolitständer trug, unangenehm war — den linken Gletscherrand. Ein Seitenthal ist hier zwar wohl vorhanden, dasselbe ist aber gar nicht tief und hat einen sehr unebenen, von Moränentrümmern überschütteten Boden. Es macht den Eindruck, als ob der Gletscher hier im Anwachsen begriffen und daran wäre, diesen Teil des linken Seitenthales mit dem Materiale seiner östlichen Seitenmoräne auszufüllen.

Der unterste Teil des Malte Brun-Thales ist ein ziemlich grosses Becken mit einem breiten, ebenen Boden. In dem letzteren ist der Thalbach etwas eingeschnitten. Nach Osten zieht das Thal hinauf zum Mount Malte Brun; im Süden und im Norden schliessen mässig steile, teils felsige, teils mit Gras bewachsene Hänge den untersten Boden desselben ein; im Westen wird er von der linken Seitenmoräne des Tasman-Gletschers begrenzt. Als ein gegen 80 m hoher, steil geböschter, schnurgerader Damm schliesst er das Malte Brun-Thal ab. Unter diesem Moränendamm und weiterhin unter dem Gletscher selbst findet der Thalbach seinen Abfluss. Würde der subglaciale Abzugskanal desselben verstopft, so müsste er den untersten Boden des Malte Brun-Thales alsbald ausfüllen und hier einen Eisstausee bilden. Der ebene Boden der Mulde und mehrere an den Thalwänden hinziehende Terrassen zeigen, dass hier schon mehrmals Seebildung stattgefunden hat. Die obersten von den Terrassen liegen höher als die Oberfläche des Gletschers. Als diese gebildet wurden, muss der Tasman-Gletscher grösser gewesen sein als jetzt.

Zeitig am Morgen des Ostertags 1883 von hier aufbrechend, erklommen wir den Moränenwall und betraten das Eis. Alsbald waren wir in den Spalten des Gletscherbuges verwickelt. Sie waren hier noch bösartiger als unterhalb des Malte Brun-Thales. Die zwischen denselben stehenden Eismauern waren vielfach zu messerscharfen Schneiden, welche nur rittlings passiert werden konnten, zugeschärft, und die Schwierigkeit wurde noch dadurch wesentlich erhöht, dass grössere und kleinere Felstrümmer, Teile der linken Seitenmoräne, diesen Eisschneiden ein-, beziehungsweise angefroren waren und zuweilen, wenn man sie berührte, hinabstürzten. Nach mehrstündiger Arbeit in diesem Spaltengewirre kamen wir auf die spaltenfreie Gletschermitte hinaus. Hier konnte rasch ausgeschritten werden, und wir eilten über den festgefrorenen Firn unserem nächsten Ziele, dem Fusse jener welligen Schneehänge, zu, welche zu dem links vom Hochstetter-Dom gelegenen Sattel hinaufziehen. Die Schneegrenze wurde überschritten, und wir begannen nach kurzer Frühstücksrast an den Hängen emporzusteigen. Anfangs ging das ganz leicht, bald aber kamen wir an einen ungeheuren, mehrere Kilometer langen Querspalt heran, der so breit war, dass wir, an seinem Rande stehend, das Echo unserer Worte von der jenseitigen Kluftwand herübertönen hörten. Auf einer von schiefen Sekundärspalten zerrissenen Schneebrücke konnte dieser Schrund übersetzt werden. Jenseits desselben wurde der Abhang bald steiler. Hier gab es mehrere, in verschiedenen Richtungen verlaufende Klüfte, deren Überschreitung einigen Zeitverlust verursachte.

Ehe wir den Sattel, auf den wir bisher zugesteuert waren, erreicht hatten, wandten wir uns rechts, unserem Berge zu. Zwei grosse Schründe umzogen denselben gürtelförmig. Beide waren vielerorts mit Schnee überbrückt, aber bei beiden lag der bergseitige Schrundrand viel höher als der thalseitige: der unterhalb gelegene Firnteil war diesen Spalten entlang abgesunken. Es waren diese Schründe daher leicht zu überschreiten, schwer dagegen war es, an ihrer bergseitigen Wand emporzukommen.[1]) Beim unteren Gürtelschrunde erforderte die Überwindung der bergseitigen Wand einstündiges Stufenhauen. Oben angelangt, gingen wir auf sanft geneigtem Firn zu dem oberen Gürtelschrund hinüber, welcher beide Gipfel auf der Südseite umzieht. Unter dem Sattel zwischen denselben war seine bergseitige Wand am niedrigsten.

Hier versuchten wir hinaufzukommen. Die starke Neigung der Eiswand — mir, der ich in derselben mit dem Pickel eine Stiege auszuarbeiten suchte, schien sie senkrecht zu sein — machte dies jedoch unmöglich. So gingen wir denn, nach einer Bresche in dem Eiswall suchend, dem unteren Schrundrande entlang, nach rechts weiter und erreichten so, nachdem wir noch einen zweiten vergeblichen Versuch zur Erkletterung derselben gemacht hatten, den Hauptkamm im Osten unseres Gipfels. Von dem Kamme zieht eine nach unten hin an Steilheit zunehmende Firnfläche nach Norden gegen das Wataroa-Thal hinab. Wir erkannten, als wir über diesen Hang hinabblickten, dass der Gürtelschrund nach Norden hin schmäler und seine bergseitige Wand niedriger wurde. Da gab es also noch eine Möglichkeit, denselben zu überwinden.

---

[1]) Partieen, welche in späteren Jahren, in früherer Jahreszeit, denselben Weg zurückgelegt haben, fanden diese bergseitigen Schrundwände weniger hoch und leichter zu ersteigen. Natürlich werden sie umso leichter zu überwinden sein, je mehr Winterschnee auf ihnen liegt.

Wir stiegen über den Abhang hinab, und es gelang mir, eine Strecke weit unterhalb den Gürtelschrund zu überschreiten und seine bergseitige Wand zu erklettern. Nun wurde wieder zum Kamme angestiegen und über diesen bald ein dritter Schrund erreicht, welcher den Gipfel selbst durchschneidet. Abermals nach rechts hinunter, über den dort schmalen Spalt und dann hinauf zum Gipfel, auf dessen messerscharfer Schneide wir rittlings hintereinander Platz nahmen. Es war etwas vor 6 Uhr abends, wir hatten vom Malte Brun-Biwak 13 Stunden gebraucht, wovon nahezu die Hälfte auf Rechnung der Umwege, die wir der Spalten wegen machen mussten, und der verschiedenen vergeblichen Versuche, den oberen Gürtelschrund zu nehmen, zu setzen sind.

Die untergehende Sonne beleuchtete ein grossartiges Panorama. Der steile Firnhang, welcher von dem ost-westlich streichenden Gipfelgrat nach Norden hinabzieht, nimmt nach unten hin an Steilheit zu; er ist konvex; wir sehen sein unteres Ende und die darunter folgenden Abstürze, welche den Schluss des nach Norden und Nordwesten zur Küste hinabziehenden Wataroa-Thales bilden, nicht. Über die Firnwand hinabschauend erblicken wir nur den flachen, moränenbestreuten, jetzt in tiefem Schatten liegenden Whymper-Gletscher, welcher den obersten Teil des Wataroa-Thales ausfüllt. Wir sehen, wie sich dieses Thal im Bogen nach links wendet, um an der an Lagunen reichen Nordwestküste auszumünden. Steile Hänge fassen das Wataroa-Thal zur Rechten ein, und über diesen erheben sich in langer Reihe die nordöstlichen Gipfel der neuseeländischen Alpen: Pyramiden, Dome und Spitzen, umgürtet von Felswänden und gepanzert mit Eis. Einzelne höhere Berge ragen über das Gewirre von Gipfeln empor, der Mount Tyndall, die Petermannspitze und andere. Im Osten sehen wir den obersten Teil des Godley-Gletschers, welcher den Hintergrund jenes Godley-Tekapo-Thales ausfüllt, welches wir weit unten — am Tekapo-See — überschritten haben. Rechts von dem Schneegipfel des Mount Aylmer, welcher die Nordostecke des Tasman-Beckens bildet, sehen wir die lange, ausserordentlich steile, braunrote Felswand, mit welcher der Mount Darwin nach Norden absetzt. Senkrecht stehen hier die Schichten. Härtere wechseln mit weniger widerstandsfähigen ab. Die letzteren sind stärker abradiert als die ersteren, und diese treten in Gestalt senkrechter Felsrippen aus der Wand vor, dem ganzen Berge den Charakter einer Riesenorgel verleihend.

Über den nach rechts hin sich senkenden Darwingrat sehen

wir die stolze Felsenpyramide des Mount Malte Brun und weiterhin den grossen Tasman-Gletscher, welcher in sanften Wellen von dem Südfusse der scharfen Eiskante, auf der wir reiten, hinabzieht. Hoch überragt die scharfe Spitze des Aorangi die Gipfelreihe, welche den grossen Gletscher im Westen einfasst. Näher steht das breite Massiv des Mount De la Bèche, zu dessen beiden Seiten der glatte Horizont des westlichen Ozeans zu uns herüberschaut. Nördlich vom De la Bèche liegt ein breiter und tiefer Sattel, über welchem wir einen grossen, zur Nordwestküste hinabziehenden Gletscher erblicken. Noch weiter nördlich erhebt sich der Kamm zu der scharfen Spitze des Mount Green, die den Meereshorizont nur wenig überragt. Dann folgt wieder ein Sattel und weiter das breite Massiv des Mount Elie de Beaumont, dessen domförmiger, von einem gewaltigen Schrunde gespaltener Gipfel unseren Standpunkt beträchtlich überragt. Über den Zackengrat der Wilczekspitze und die hohen Steilabstürze, mit welchen diese zum Whymper-Gletscher absetzt, kehren wir zu dem Ausgangspunkte unserer Betrachtung zurück.

Unvergleichlich ist der Anblick des Meeres. Rosenrot und dunkelviolett leuchtet seine Fläche zu den Seiten jenes keilförmigen, glühendem Golde gleich glänzenden Streifens, in dem die sinkende Sonne sich spiegelt. Farbenprangend im Abendglanze steigt der westliche Ozean empor zu dem scheinbar hoch über uns dahinziehenden Horizont, einer ungeheuren Woge gleich, welche hereinzubrechen droht über alles Land. Aber wie herrlich auch dieser Sonnenuntergang am Meere, wie grossartig die Gebirgsmassen, die uns umgeben, und die Gletscher, welche die Tiefen erfüllen, sein mögen, so hält doch dieser Anblick den Vergleich mit einer Rundschau in unseren europäischen Alpen nicht aus. Es fehlen die freundlichen Thäler mit ihren hellen Matten und dunklen Wäldern, welche einen so schönen Schmuck unserer Alpen bilden. Es fehlt jede Spur menschlicher Thätigkeit. Keine Hütte sendet ihren blauen Rauch empor in die Luft; kein Kirchlein ziert den Thalgrund; kein Weg, kein Feld ist zu sehen. Alles ist tot und öde, das Tiefland und die Küste ebenso wild und menschenleer wie die Hochregion.

Es gelang uns noch vor Einbruch völliger Dunkelheit über die beiden Gürtelschründe hinabzukommen. In einer grossen, in das Eis gehackten Stufe sitzend, erwarteten wir den Aufgang des Mondes, bei dessen Licht wir dann den Abstieg fortsetzten. Um Mitternacht waren wir auf dem ebenen Eise zurück. Hier verfehlten wir die Richtung und waren bald in den Spalten des Gletscherbuges verwickelt. Die Überkletterung derselben bei dem ungewissen Mondlichte nach zwanzigstündigem Marsche war eine böse Arbeit; erst als es wieder begann Tag zu werden, kamen wir besser vorwärts. Gegen acht Uhr morgens erreichten wir unseren Biwakplatz wieder, von wo wir nach kurzem Schlafe zu unserem Hauptlager und am nächsten Tage zum Depot zurückkehrten. In drei weiteren Tagen waren wir wieder im Bereiche der Kultur.

Der höchste Gipfel der neuseeländischen Alpen, der Aorangi, spottete lange allen Angriffen. Erst zu Weihnachten 1894 gelang es, diesen stolzen König der neuseeländischen Alpen zu bezwingen. Alle früheren Ersteigungsversuche waren von Osten her, vom Tasman-Gletscher aus, unternommen worden. Im Dezember 1894 machte sich Fyfe daran, dem Gipfel von der Westseite, vom Hooker-Gletscher aus, beizukommen. Die Erkundung des Westabhanges des Berges hatte ergeben, dass es da zwei Anstiegsrouten giebt.

Wie oben erwähnt, hat der Aorangi die Gestalt eines Daches mit meridional gerichtetem First. Der nördliche Eckpunkt des Dachfirstes ragt etwas höher auf als die übrigen Teile desselben und bildet den höchsten Gipfel. Nach Norden setzt von ihm ein steiler Grat zu jener, Greens Sattel genannten Scharte ab, welche zwischen dem Aorangi und dem Mount Hector eingesenkt ist. Von dieser Scharte zieht eine steile, breite Schneerinne zu dem Empress-Gletscher, dem obersten, östlichen Nebengletscher des Hooker-Eisstromes, hinab. Der obere Teil dieser Schneerinne wird durch eine in einer Falllinie herabsteigenden Felsrippe in zwei parallele, nebeneinander liegende Couloirs zerlegt. Ein furchtbarer Bergschrund trennt die Schneerinne von dem Empress-Gletscher. Von der Südecke des Aorangi-Dachfirstes zieht ein breiterer Rücken nach Westen hinab. Dieser trennt den Empress- von dem nächst südlichen, linken Nebengletscher des Hooker, den Noelline-Gletscher und endet mit einem langen, ziemlich sanft geneigten, zum Hooker-Gletscher herabziehenden Schneefelde.

Die beiden Routen vom Hooker-Gletscher auf den Aorangi, welche Fyfe auskundschaftete, waren: 1. Schneefeld zwischen Empress- und Noelline-Gletscher—Westgrat der Südecke des Dachfirstes—Südecke des Dachfirstes (südlicher Gipfel des Aorangi)—Gipfelgrat — Gipfel; 2. Empress-Gletscher—Schneerinne—Greens Saddle—Nordgrat der höchsten Spitze—Gipfel.

Zuerst versuchte er die erste von diesen beiden Routen, und

es gelang ihm verhältnismässig leicht, auf diesem Wege die Südecke des Dachfirstes, den südlichen Aorangi-Gipfel, zu erreichen. Auch der südliche Teil des Gipfelgrates bot, obwohl er stark überwächtet war, keine grösseren Schwierigkeiten, und in guter Zeit erreichte er über denselben die mittlere Erhebung des Dachfirstes, den mittleren Aorangi-Gipfel. Derjenige Teil des Gipfelgrates aber, welcher diesen mit der höchsten Spitze am Nordende des Dachfirstes verband, zeigte

Der Aorangi vom Tasman-Gletscher.

sich so zerrissen und war so stark überwächtet, dass es ziemlich aussichtslos erschien, auf diesem Wege den höchsten Gipfel zu erreichen. Fyfe und seine Begleiter traten den Abstieg an und kehrten ins Hooker-Thal zurück.

Nun wurde ein Ersteigungsversuch auf der zweiten von den beiden angegebenen Routen unternommen. Mit Proviant auf sechs Tage ausgerüstet, verliess Fyfe mit zwei Begleitern das Hermitage-Gasthaus im Hooker-Thale und stieg in drei Tagen zu einem Punkte am Empress-Gletscher hinauf, der nicht weit unter dem erwähnten grossen Bergschrunde lag. Von hier wurde dann zeitlich am Morgen aufgebrochen und zunächst zu dem Bergschrunde emporgestiegen. Keine Schneebrücke gab es hier, und die Bergsteiger waren genötigt, der Felswand zur Seite des Schrundes entlang zu klettern, um den jenseitigen Rand desselben zu erreichen, was wegen der grossen Breite des Schrundes und der Steilheit und Glätte der Felswand sehr schwierig und gefährlich war. Jenseits angelangt, stiegen sie, an den rechten Rand derselben sich haltend, in der grossen Schneerinne hinauf und wandten sich dann der erwähnten Felsrippe zu, welche ohne Schwierigkeit überklettert wurde. Oben, dicht am Sattel, zwang ein tiefer Riss in der Felskante Fyfe und seine Genossen zu einem schwierigen Umwege nach links: über die Abstürze des Mount Hector erreichten sie schliesslich den Greens Sattel.

Die Erkletterung der höchsten Spitze über den Nordgrat bot nur an einzelnen Stellen bedeutendere Schwierigkeiten. Der grösste Teil des Weges konnte unschwer zurückgelegt werden, und um 1.30 p. m. erreichten die kühnen Kletterer den Gipfel. Der Abstieg gestaltete sich wegen des Steinfalles in der Schneerinne gefährlich und nahm so viel Zeit in Anspruch, dass sie den grossen Bergschrund erst nach Einbruch der Nacht erreichten und die schlimme Traverse an der Felswand in der Dunkelheit machen mussten. Endlich langten sie glücklich bei ihrem Biwakplatze an, aber nur um zu finden, dass ein Schneewall, den sie als Windschutz aufgerichtet hatten, auf ihr Zelt gefallen war und, tagsüber thauend, alles durchnässt hatte. Sie litten in dieser Nacht sehr an Kälte, was ihre Siegesfreude jedoch nur wenig beeinträchtigen konnte.

8. Das südliche Seengebiet.

Es ist oben erwähnt worden, dass tiefe Thalfurchen von beiden Seiten, von Nordwesten sowohl als von Südosten her, in jenen breiten Hochlandsstreifen eindringen, welcher den westlichen Teil des Südendes der Südinsel durchzieht. Diese Thalfurchen haben im allgemeinen ungleichsinniges Gefälle: die meisten sind gegen ihr oberes Ende hin tiefer als weiter draussen. In die westlichen von diesen Thalfurchen dringen Meeresarme ein, während die östlichen, im Binnenlande gelegenen von süssem Wasser angefüllt sind: die ersteren erscheinen als Fjorde, die letzteren als Alpenseen.

Man kann das Seengebiet auf vielen Wegen von Osten her und auch vom Milford-Fjord an der Nordwestküste aus erreichen. Der bequemste Zugang ist aber der südliche, denn auf dieser Seite führt eine Eisenbahn von Invercargill bis nach Kingston am Südende eines dieser Seen, des Wakatipu, und auch die andren Seen sind von dieser Bahn aus unschwer zu erreichen. Da ist zunächst der reich gegliederte Manipori-See, zu dem man am leichtesten gelangt, wenn man die Hauptbahnlinie Invercargill-Kingston in Lumsden verlässt, die Zweigbahn Lumsden-Mossburn benutzt und dann mit der Postkutsche nach dem am Südende des Sees gelegenen Dorfe Manipori fährt. Die Landschaft in der Nähe von Invercargill ist recht monoton, erst in der Nähe des Hochlandes wird die Gegend hübscher. Der armenreiche Manipori-See wird von hohen felsigen Abhängen eingefasst, welche überall, wo sie nicht gar zu steil sind, mit Waldbäumen dicht bedeckt sind, so dass nur die schroffsten Wandpartieen kahl und baumlos aus der sonst ununterbrochenen Walddecke hervorschauen. Das Wetter ist hier sehr veränderlich. Es bricht oft plötzlich eine heftige Böe los, so dass es auch beim schönsten Wetter bedenklich ist, sich in einem offenen Ruderboote in den zentralen Hauptteil des Sees hinauszuwagen. Die grossartigsten Teile des Sees sind seine südlichen Arme, der Hope-Arm und der South-Arm. Im Hintergrunde des letzteren findet sich ein hoher Wasserfall.

Der Kranz von Bergen, welcher den Manipori-See einfasst, zeichnet sich durch grosse Anmut und durch ausserordentliche Mannigfaltigkeit der Formen seiner 1500—1700 m über den Seespiegel aufragenden Gipfel aus. Besonders zu erwähnen ist der wildzerrissene Felsgrat der Cathedral Mountains im Nordosten und die nach der einen Seite hin sich neigende Pyramide des Leaning Peak im Osten. Der überaus dichte, ohne Axt und Buschmesser völlig undurchdringliche Urwald, welcher die unteren Teile der Abhänge dieser Berge bekleidet, erschwert die Besteigung derselben ausserordentlich.

Obwohl das Westende des Sees nur 30 km von dem oberen Ende des nächsten von den Fjorden der Westküste, des Smithsound entfernt ist, so ist es doch wegen der Dichte des Waldes sehr schwierig, von dem See aus dahin zu gelangen. Einer der Teilnehmer einer Expedition, welche den Versuch machte, hier durchzukommen, Professor Brown von der Otago-Universität, geriet abseits und verschwand — trotz eifrigster Nachforschungen hat man nicht einmal seine Leiche auffinden können — so dicht und unwegsam ist der Wald. Zwei Mitgliedern der zur Auffindung von Browns Leiche ausgesandten Expedition gelang es, nach Überwindung ausserordentlicher Schwierigkeiten, diesen Urwald zu durchdringen und vom Manipori-See ausgehend den Smithsound zu erreichen.

In einigen Stunden kann der weiter nördlich gelegene Te Anau-See von Manipori aus zu Wagen erreicht werden. Der Te Anau ist der grösste von allen diesen Seen. Er ist meridional in die Länge gestreckt. Sein Ostufer erscheint einfach gerade und ungegliedert, sein Westufer dagegen zeigt eine bedeutende Gliederung, indem hier mehrere grosse Seearme fjordartig in das Hochland eindringen. Das Westufer des Sees und die Ufer dieser Arme sind hoch und steil, das östliche Ufer dagegen niedrig und flach. Dieser Unterschied beruht darauf, dass der See an der Grenze zwischen dem krystallinischen Urgestein der grossen südwestlichen Hochlandtafel (im Westen) und jenen tertiären und posttertiären Bildungen im Osten liegt, welche die Depression zwischen den südwestlichen paläozoischen und mesozoischen Höhenzügen ausfüllt. Die Fahrt über diesen See ist sehr schön. Immer neue Alpenlandschaften thun sich vor dem Reisenden auf. Besonders grossartig sind die Einblicke in die westlichen Arme. Kühne Felsgipfel fassen diese schmalen, gewundenen und verzweigten Buchten auf allen Seiten ein. Nach Norden, gegen das obere Seeende hin, wird die Szenerie immer grossartiger. „Dort erheben sich," schreibt Kronecker, „gewaltige Zinnen, Türme, Pyramiden, Kegel und scharfgezähnte Grate, nicht selten 2000 m den Seespiegel überragend, teilweise geschmückt mit breiten Schneefeldern, deren blendendes Weiss gar wundersam gegen das dunkle Azur des Firmamentes absticht." Unter den Bergen, welche die nördliche Seespitze einfassen, sind besonders dsr Mount Anau, Mount Larges und Mount Seelmerlie zu erwähnen. Der vom See bespülte Fuss dieser Berge ist mit dichtem Urwalde bekleidet, zur Blütezeit des Ratabaumes vielerorts mit scharlachroten Blumen geschmückt. Der schönste Teil des Te Anau ist der nördlichste Westarm. Steile rotbraune, von weissen Quarzgängen durchzogene Felsmauern erheben sich aus seiner klaren Flut, und zwischen diesen treten flachere, mit üppigem Urwalde geschmückte Landzungen gegen den See vor.

Sowohl von dem Nordende des Zentralteiles des Sees wie auch von den Enden seiner westlichen Fjordarme aus sind die bloss 20—25 km entfernten oberen Enden der nächstliegenden Fjorde der Westküste erreicht worden. Neuerlich hat man durch den Urwald einen Pfad angelegt, welcher das obere Seeende mit dem Milfordsund verbindet. Diesem entlang sind vier Unterkunftshütten aufgestellt worden. Vom oberen Ende des Te Anau-Sees geht man durch das dort einmündende Clinton-Thal hinauf. Die Wände dieses von dem wasserreichen Clinton durchströmten Thales sind so hoch und steil, dass das Thal selbst einen schlucht- oder klammartigen Charakter gewinnt. Über jene Wände stürzen zahlreiche Wasserfälle herab. Den Hintergrund des Thales nimmt der Herbert-Gletscher ein, aus welchem der Clinton-Fluss entspringt.

Ziemlich weit oben in diesem Thale hat ein Bergsturz den Fluss abgedämmt und so einen See, den Mintaro-See, gebildet, in dessen Nähe eine der vier erwähnten Hütten steht. Der Clinton-Thalweg führt erst durch einen nicht allzudichten Urwald, dann durch Buschwerk und über flaches Flussgeröll und Felstrümmer. Der Fluss selbst wird — auf quer darüber gelegten Baumstämmen — dreimal übersetzt.

Um von dem Clinton-Thale zum Milfordsund zu gelangen, muss die Hauptwasserscheide der Südinsel überschritten werden. Dies geschieht in dem Mac Kinnon-Passe, zu welchem über einen mässig steilen, unten mit Buchenwald bekleideten Abhang angestiegen wird. In der Tiefe, nahe dem Clinton-Thalboden, sind die Bäume, welche diesen Wald zusammensetzen, hoch. Nach oben hin, gegen den Pass zu, werden sie immer niedriger und knorriger, bis sie endlich Krummholzcharakter annehmen. Der Krummholzgürtel ist nicht breit. Es folgen Felsen und steile Alpenwiesen. Die letzteren sind reich an weissen und gelben Alpenblumen; rote und blaue Blüten kommen nicht vor. Der Anstieg ist ganz leicht. Der Pass liegt etwas über 1000 m hoch und erscheint als ein breiter, sumpfiger, mit Gras, Moos und Alpenblumen bedeckter Sattel. Auch einige Tümpel von beträchtlicher Grösse, kleine Wasserscheidenseen, finden sich hier. Zu den Seiten des Passes erheben sich der Mount Balloon und der Mount Hart. Der letztere ist, obwohl er steil genug aussieht, über den vom Passe hinaufziehenden Grat ganz leicht zu ersteigen. Über Schneefelder und zerrissene Felsmassen geht es hinauf. Der obere Teil erscheint als ein zackiger Felsgrat.

Vom Mac Kinnon-Pass steigt man in das Thal des Roaring-Creek hinab und traversiert hierbei den Abhang des Mount Balloon über einer sehr hohen und steilen Wand. Dann steigt man in den

Grund der Schlucht hinab und folgt derselben thalaus. Unten steht wieder eine Hütte, von welcher aus der Pfad durch das Thal des Poseidon-Flusses hinausführt zum Milfordsund. Auf diesen Teil des Weges werden wir unten bei der Beschreibung der Fjorde der Westküste zurückkommen.

Nordöstlich vom Te Anau liegt der Wakatipu-See, welcher, wie oben erwähnt, durch einen Schienenstrang mit Invercargill verbunden ist und deshalb weit öfter als die übrigen Wasserbecken dieser Gegend besucht wird. Der lange und schmale, S-förmig gekrümmte See liegt an der Grenze zwischen dem nördlichen, paläozoischen Zuge und der grossen Phyllitmasse von Otago. An der nördlichen Biegungsstelle desselben tritt östlich der Seeabfluss, der Clutha River, hervor. In der Umgebung seiner Austrittstelle findet sich eine ziemlich breite, von jungen posttertiären Ablagerungen ausgefüllte Mulde. Dieses Gelände zeichnet sich durch die Sanftheit seiner Formen vor den übrigen Teilen der Seeufer aus; hier liegt inmitten schöner Anlagen das freundliche Queenstown. Im scharfen Kontrast zu dieser lieblichen Mulde steht der aus paläozoischem Gestein aufgebaute Bergwall der Remarkables, welcher im Osten des südlichen Seeteils in einer 2000 m hohen Wandflucht emporsteigt.

Auch am Südende des Sees findet sich eine mit jungen Ablagerungen ausgefüllte Mulde. In dieser steht die Stadt Kingston, der Endpunkt der Eisenbahn. Während die Berge, welche die südlichen und mittleren Seeteile einfassen, kahl und baumlos sind, erscheinen die Hänge in der Umgebung des nördlichen Seeendes dicht bewaldet. Die Seeufer selbst zeigen keine Gliederung; solche tiefe Buchten und weit vorspringenden Landzungen, wie sie im Manapuri und Te Anau angetroffen werden, fehlen ganz. Auch die Zahl der Inseln ist gering. Das Wasser des Sees hat eine schön blaue Farbe, welche in lebhaftem Gegensatz zu dem Gelbbraun der Felswände seiner Bergeinfassung steht.

Mehrere Dampfer befahren den See, und für Unterkunft ist gut gesorgt. Hierdurch unterscheidet sich der Wakatipu-See sehr zu seinem Vorteil von den landschaftlich viel schöneren Seeen im Westen, dem Manapuri und Te Anau, wo für Unterkunft und Verkehr sehr schlecht gesorgt ist.

Der grossartigste Teil des Sees ist sein in das Hochland eindringendes Nordende. Im Westen desselben erhebt sich die schroffe, in ihrem höchsten Gipfel, dem Mount Bonpland, zu einer Höhe von

2600 m ansteigende Humboldtkette; im Osten steigen die zerrissenen Felsmassen der Stony Peaks empor, und im Norden ragt die breite, 3000 m hohe, eisgepanzerte Pyramide des Mount Earnslaw auf. Am Nordende des Sees selbst breitet sich eine ziemlich grosse Delta-Ebene aus, welche den dort einmündenden Seezuflüssen ihre Entstehung verdankt.

Der Mount Earnslaw, der höchste Berg in der Umgebung des Wakatipu-Sees, ist zum erstenmale im Jahre 1889 von Birley und seither öfter bestiegen worden. Nach den Berichten scheint diese Besteigung unter guten Verhältnissen nicht schwer zu sein. Man geht von Glenorchy am oberen Seeende aus und thut wohl am besten, an der Waldgrenze in einer Höhe von etwa 1200 m zu biwakieren. Schwerer und interessanter als die Besteigung des Mount Earnslaw ist die Erkletterung der dreigipfeligen Remarkables, deren wildzerrissene Felsmassen und einsamen kleinen Hochseeen einen ganz eigenartigen Charakter haben.

Während sich die drei oben beschriebenen Wasserbecken an der Grenze zwischen sehr verschieden alten Gesteinsmassen ausbreiten, sind die weiter nördlich gelegenen langgestreckten, einander parallelen Seen Wanaka und Hawea ganz in den Otago-Phyllit eingebettet. Dieselben erscheinen als Reste von Fjordarmen eines einstens viel grösseren Sees, dessen südöstlicher Teil von jungen Ablagerungen ausgefüllt worden ist.

Eine gute Fahrstrasse führt von Queenstown über Carrowtown nach Pembroke am Südende des Wanaka-Sees. Die Fahrt bietet wenig Interessantes, um so schöner ist dafür der Wanaka-See, den man am Ende derselben erreicht. Die Ufer des Sees sind reich gegliedert und dicht bewaldet, und ein Kranz schöner Berggipfel umgürtet seinen klaren Spiegel. Besonders ist es das stark vergletscherte Massiv des im Westen aufragenden Mount Aspiring, welcher, obwohl eine Strecke weit entfernt, diesem See einen alpinen Charakter verleiht. Als eine scharfe Spitze ragt die höchste Erhebung des Aspiring hoch über alle anderen Gipfelzacken empor. Ein Dampfer befährt regelmässig den See.

9. Im Fjordgebiete.

Über die Lage, Grösse und Anzahl der Fjorde, welche in den südwestlichen Endteil der Nordwestküste der Südinsel eingeschnitten sind, ist oben berichtet worden. Jeden Sommer besuchen mehrere Dampfer der neuseeländischen Dampfschiffahrtsgesellschaft der Reihe nach die interessantesten von diesen Fjorden, so dass es sehr leicht ist, dieselben zu besuchen. Auch über Land vom östlichen Seegebiet aus können, wie wir oben gesehen haben, einige von ihnen erreicht werden, doch ist das eine sehr mühsame, zeitraubende und kostspielige Sache, und dabei lernt man doch nur einzelne von den Fjorden kennen.

Jene Dampfer pflegen von Port Chalmers, dem Hafen von Dunedin, auszugehen und über den Bluff — das ist der Hafen von Invercargill — zur Südwestspitze der Südinsel hinüberzufahren. Letztere wird umschifft und dann in den südlichsten von den Fjorden hineingefahren. Ein ziemlich enger Eingang führt in den etwas verbreiterten Innenteil des Fjordes hinein.

Niedrige, von dichtem Urwald bekleidete Hügel umgeben auf allen Seiten den Fjord, und seinem Spiegel entragen zahlreiche kleine, gleichfalls dicht bewaldete niedere Eilande. Diese Inseln sind abgerundete, wenig über den Meeresspiegel vorragende Felsen: durch die Gletscher der Eiszeit abgeschliffene Rundhöcker. Von der mittleren, als Cattle Cove bekannten Erweiterung dieses Fjords geht ein ziemlich schmaler Arm, der Long Sund, nach Nordosten ab, in dessen Hintergrund schon höhere Berggipfel sichtbar sind. In diesen fährt der Dampfer ein, um dann wieder zum offenen Meere zurückzukehren und die Küste entlang in nördlicher Richtung bis zu dem Eingange in den Dusky Sund weiter zu fahren. Hier sind die Berge höher und kühner gestaltet. Der Urwald, welcher ihre unteren Abhänge bekleidet, ist besonders reich an Farnbäumen, welche in dichten Gruppen am Ufer stehen. Der Dusky Sund ist mit dem nächst-nördlichen, dem Breaksea Sund, durch einen quer verlaufenden Meeresarm verbunden, welcher den äusseren Teil des zwischen den beiden Fjorden gelegenen Landstriches — es ist die Resolution-Insel — ganz vom Festlande trennt. Durch jenen Meeresarm, die Acheron-Passage, fahren wir hinüber in den Wet Jacket-Arm des Breakwater-Fjordes. Dicht bewaldete Abhänge umgeben diesen scheinbar rings eingeschlossenen, einem Gebirgssee ähnlichen Meeresarm, in den mehrere Wasserfälle sich stürzen. Im Osten erhebt sich ein hoher, zackiger Gebirgskamm über die niedrigen Vorberge. Der Dampfer fährt durch den Breakwater-Fjord wieder ins offene Meer hinaus und dann weiter die Küste entlang nach Norden an dem Eingang in den Daggs-Fjord vorüber zum Doubtful-Fjord. Der letztere ist mehrfach gekrümmt. Die Berge, die ihn einfassen, sind beträchtlich höher als jene in der

Umgebung der südlichen Sunde: sehr deutlich ist bei dieser Fjordfahrt die allmähliche Höhenzunahme des Hinterlandes gegen Norden hin zu erkennen.

Wie der Dusky- mit dem Breaksea-Fjord, so ist der Doubtful- mit dem Thompson-Fjord durch einen Querarm des Meeres verbunden: durch diesen und den unteren Theil des letztgenannten Fjords gewinnt der Dampfer wieder das offene Meer, um, an den Eingängen der Nancy-, Charles- und Caswell-Fjords vorbeidampfend, den Georges-Sund zu erreichen, in den er einfährt. Dieser Fjord ist weit grossartiger als die weiter südlich gelegenen. Die höchsten Gipfel der Berge, welche denselben einfassen, ragen 2000—2300 m über das Meer auf. Ihre Abhänge sind steil, in ihren unteren Teilen, überall wo Bäume Wurzel fassen können, mit Wald bedeckt und gekrönt mit Firnfeldern und Gletschern. In der Südostecke des Fjords stürzt eine wasserreiche Kaskade von einem kanzelartig vorspringenden Felsen herab, hinter welchem ein herrlicher Waldsee liegt. Unter den zierlichen, die Stämme der alten Urwaldbäume bedeckenden Schling- und Schmarotzerpflanzen ist hier wohl der zarte Nierenfarn — er hat diesen Namen von der Form seiner Blätter — die schönste. Das obere Ende des George-Fjordes tritt sehr nahe an den mittleren Westfjord des Te Anau-Sees heran. Trotz der geringen Entfernung ist der Übergang zu letzterem sehr schwer. Derselbe wurde im Jahre 1889 von Henry gemacht.

An dem nächst nördlichen Bligh Sund wird wieder vorbeigefahren und dann der nördlichste und zugleich der schönste von diesen Fjorden, der Milford-Sund, besucht. Da, wie mehrfach erwähnt, das Hochland, in welchem diese Fjorde eingeschnitten sind, nach Norden hin ansteigt, sind die Abhänge, welche den Milford-Sund einschliessen, und die Berggipfel, welche ihn umgeben, höher als die Einfassungen der weiter südlich gelegenen Sunde. Die Abhänge, welche die Ufer des Milford-Fjords bilden, sind durchschnittlich etwa 1000 m hoch und zumeist sehr steil. Fast überall tauchen sie unvermittelt unter den Meeresspiegel. Nur am oberen Ende des Sundes, wo die Flüsse Cleddau und Poseidon in ihn einmünden, findet sich eine grössere Delta-Ebene, auf welcher neuerlich ein Unterkunftshaus errichtet worden ist. Von den Berggipfeln in der Umgebung des Fjords sind besonders Mount Kimberley im Norden, Barren Peak im Osten und Mitre Peak im Süden zu erwähnen. Namentlich der letztgenannte zeichnet sich durch ausserordentliche Steilheit und Schlankheit aus. Allenthalben stürzen Wasserfälle, Silberfäden gleich, über die dunklen Fjordwände hinab in das Meer; überall ziert üppiger, immergrüner Urwald die weniger steilen Stufen und Absätze der unteren Wandpartieen, und vielerorts schmücken glänzende Schneefelder und Gletscher mit bläulich schimmernden Schründen die Bergeshäupter, die von schwindelnder Höhe herabschauen auf den ruhigen, dunkelgrünen Spiegel des Sundes. Alle Besucher dieses Fjordes, deren Schilderungen ich gelesen habe, schwärmen von seiner Grossartigkeit und landschaftlichen Schönheit. Ich selbst habe ihn das „Juwel der Antipoden" genannt, er ist jedenfalls das Schönste, was ich in Australien und Neuseeland gesehen habe. Von den vielen Wasserfällen, die sich in ihn stürzen, ist der 160 m hohe Bowenfall im Norden der bedeutendste.

Ein Steig führt vom oberen Ende des Milford-Sundes zum oberen Ende des Te Anau-Sees. Den östlichen Teil dieses Weges haben wir schon kennen gelernt; dem westlichen Teile desselben, welcher durch das Thal des Poseidon-Flusses hinaufführt, wollen wir uns jetzt zuwenden. Von den beiden Flüssen, welche in das obere (östliche) Ende das Milford-Sundes einmünden, kommt der eine, der Cleddau, von Südosten, und der andere, der Poseidon, von Südwesten her. Das Poseidon-Thal, durch welches wir hinaufgehen, ist ein der Küste und der Hauptwasserscheide parallel laufendes Längsthal. Es ist das weitaus grösste von allen in die Fjorde einmündenden Thälern.

Der Boden des unteren Teiles dieses Thales ist breit, flach und dicht bewaldet; fast eben geht es durch denselben hinauf bis zu einem See, dem Ada-See, welcher die ganze Breite des Thales einnimmt. In einem der dort befindlichen Boote fahren wir zu dem Südende des langgestreckten Sees hinauf. Steile, zerrissene Felswände fassen seitlich den See ein. Jenseits geht es noch eine kurze Strecke im Boot durch den Poseidon-Fluss — er wird auch Arthur River genannt — hinauf bis zu der Stelle, wo das Thalgefälle zuzunehmen beginnt. Von hier führt ein rauher Pfad weiter durch das Thal hinauf. Der Boden desselben ist mit dichtem Walde bedeckt, besonders mannigfaltig und reich ist die Farnvegetation.

Nach einem ziemlich mühsamen Marsche erreichen wir jene Hütte, von welcher aus der uns schon bekannte Weg zum Mac Kinnan-Passe durch das Roaring Creek-Thal hinaufführt. Anderthalb Kilometer jenseits dieser Hütte liegt der berühmte, 600 m hohe Sutherland-Fall. Es ist das kein freier Fall, sondern es schiesst

Mitre-Peak, Milford-Sund.

hier das Wasser über einen steilen, teilweise bewaldeten, an zwei Stellen durch Stufen unterbrochenen Abhang hinab. Die obere von diesen Stufen ist gegen 40 m breit. Man kann den ganzen Fall gut auf einmal überblicken, und er macht einen sehr grossartigen Eindruck. Aber nicht der Fall allein, auch die Umgebung ist sehr schön. Hohe Wände schliessen die breite Thalmulde, in der wir stehen, ein. Namentlich grossartig ist die Südwand.

Im Osten ragt die Felspyramide des Mount Balloon auf, an dem der Weg zum Te Anau-See vorüberführt. Der Erste, dem es gelang, über den steilen Abhang zum oberen Ende des Southerland-Falles emporzusteigen, war ein gewisser Quill. Quill ist später, bei dem Versuche, einen Übergang vom Milford-Sund zum Wakatipu-See zu finden, abgestürzt. Im Cleddau-Flusse fand man seine Leiche.

Im Hintergrunde des Cleddau-Thales, welches, wie erwähnt, vom oberen Ende des Milford-Sundes nach Südosten emporzieht, erhebt sich der Mount Tutoko zu einer Höhe von 2758 m. Dieser Gipfel dürfte der höchste Berg des ganzen Fjordgebietes sein. Derselbe wurde im Jahre 1895 von Hodgkins und den Brüdern Ross erstiegen. Von dem Unterkunftshause am Milford-Sund aufbrechend, gingen sie durch das Cleddau-Thal hinauf bis zu der Stelle, wo es sich in zwei Äste spaltet. Dem linken, nordöstlichen Thalaste folgend, erreichten sie, teils den Urwald durchbrechend, teils durch den Fluss watend, eine Thalweitung. Hohe Felswände schliessen dieselbe ein und durch die schmale Schlucht, zu welcher das Thal sich nach oben hin verengt, hinaufblickend, sieht man den Tutoko mit seinem schmalen, bis zu 300 m Meereshöhe nach Süden herabsteigenden, moränenarmen Gletscher.

Eine kurze Strecke unterhalb der Stirne dieses Eisstromes wurde das Lager aufgeschlagen und dann von hier aus über einen vom Tutoko nach Südwesten abgehenden Kamm angestiegen. An einem hübschen Eisfalle vorbeigehend, erreicht man ein Firnplateau mit nur unbedeutenden Spalten und über dieses den Fuss des noch 600 m emporragenden Gipfels. Nun muss eine Wandstufe erklettert und weiter durch eine steile Schneerinne zu den zackigen Gipfelfelsen angestiegen werden.

Das Gebirge im Nordosten, zwischen dem Fjordgebiete und dem Aorangi, gehört wohl zu den ungangbarsten Teilen der Erdoberfläche. Tausend Meter tief eingerissene Schluchten, deren schmale Sohlen von hausgrossen Felstrümmern erfüllt sind, zerschneiden das Land. In der Tiefe bekleidet üppiger, mit dichten

Schlingpflanzenmassen verfilzter Urwald die wenigen, breiteren Thalmulden. In den höheren Regionen breiten sich wildzerklüftete Gletscher aus. Als eins der wildesten und grossartigsten der dortigen Thäler schildert Harper das Twainthal. Die Aussicht von erhöhten Punkten dieser Gegend ist sehr grossartig. Das Schönste ist immer der Mount Sefton, von welchem der mächtige Douglas-Gletscher in das Twainthal hinabzieht.

Der obere Teil des Thales, in dem dieser Gletscher sich ausbreitet, wird in seiner ganzen Breite von einer 7 km langen, 60 bis 500 m hohen Stufe durchquert. Über dieselbe stürzen die Firnmassen des Douglas-Gletschers, 20 bis 25 Eislawinen in der Stunde bildend, herab, um sich an ihrem Fusse zu sammeln und hier eine $7^1/_2$ km lange, mit Moränen ausgestattete Gletscherzunge zu bilden.

Ebenfalls im SEVERUS Verlag erhältlich:

Arthur Berger
Neuseeland – Auf den Spuren der Maori
SEVERUS 2012 / 156 S. / 19,50 Euro
ISBN 978-3-86347-210-8

„Aotearoa" nennen die Maori Neuseeland, ihren Inselstaat, welcher auf eine kriegerische wie mystische Vergangenheit zurückblickt.

Auf seiner Reise vom Norden in den Süden entdeckt Arthur Berger Neuseelands außergewöhnliche Landschaft wie auch Kunst, Kultur und Volksbräuche seiner Eingeborenen. In seiner Anschaulichkeit gnadenlos berichtet der Forscher vom Kannibalismus, von blutigen Kriegen und von der Kolonialzeit.

Zahlreiche Fotografien der Maoris wie auch der neuseeländischen Tier- und Pflanzenwelt lassen diese besondere Forschungsreise vor 80 Jahren für den Leser heute noch einmal lebendig werden.

www.severus-verlag.de